LÍNGUA PORTUGUESA
ANGÉLICA e CRISTINA

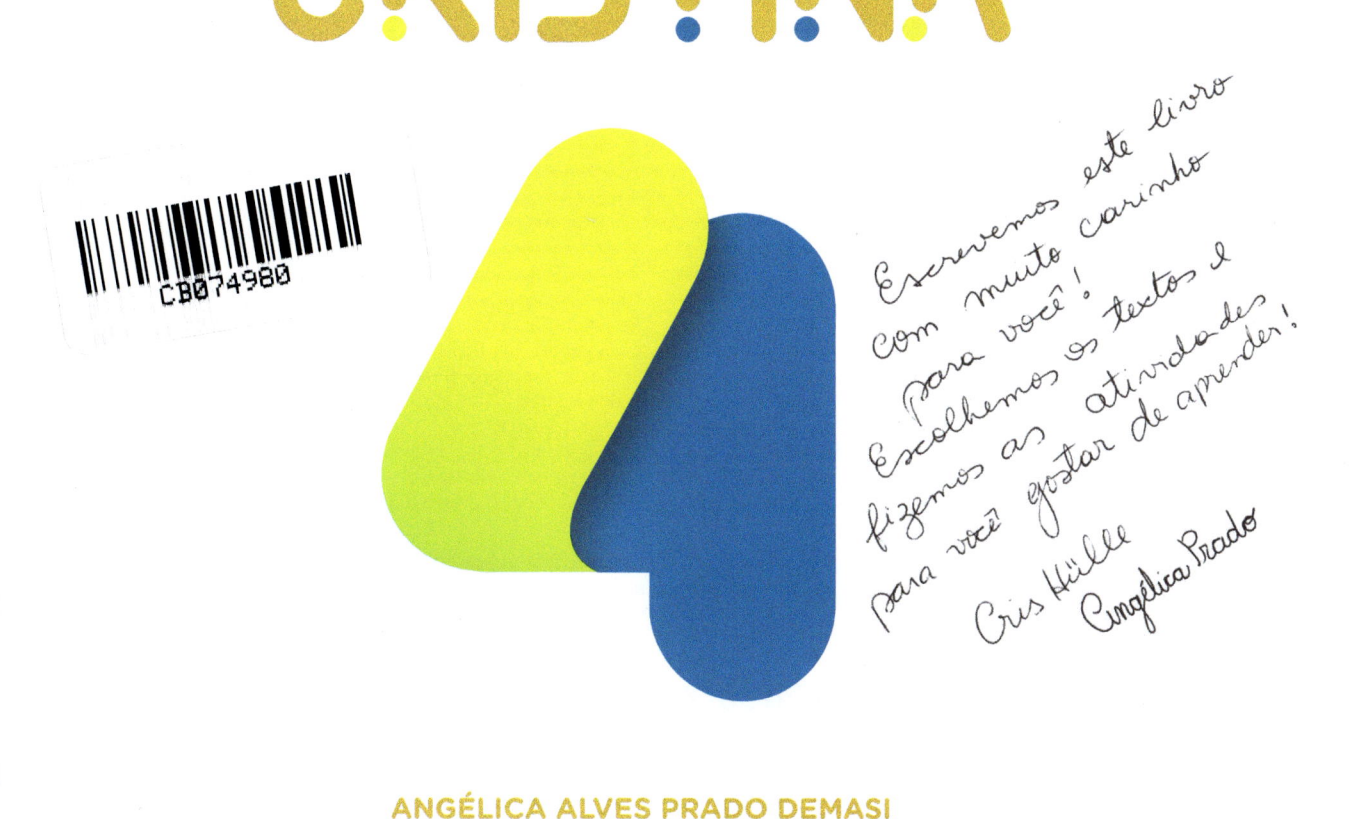

4

Escrevemos este livro com muito carinho para você! Escolhemos os textos l fizemos as atividades para você gostar de aprender!

Cris Hülle
Angélica Prado

ANGÉLICA ALVES PRADO DEMASI
Licenciada em Letras pelas Faculdades Integradas Teresa D'Ávila.
Pós-graduada em Psicopedagogia e Psicomotricidade pelo Centro Universitário Salesiano de São Paulo.
Professora de Língua Portuguesa na rede particular de ensino.

CRISTINA TIBIRIÇÁ HÜLLE
Especialização em Psicopedagogia pela Pontifícia Universidade Católica de São Paulo (PUC-SP).
Licenciada em Pedagogia pela PUC-SP.
Bacharel e licenciada em Letras pela PUC-SP.
Professora de Língua Portuguesa na rede particular de ensino.

FTD

FTD

Língua Portuguesa Angélica e Cristina – 4º ano (Ensino Fundamental – Anos iniciais)
Copyright © Angélica Alves Prado Demasi, Cristina Tibiriçá Hülle, 2018

Diretora adjunta	Silvana Rossi Julio
Gerente editorial	Natalia Taccetti
Editora	Luciana Leopoldino
Editores assistentes	Juliana Rochetto Costa, Rogério Alves
Assessoria	Vera Sílvia de Oliveira Roselli, Maíra Meyer Bregalda
Gerente de produção editorial	Mariana Milani
Coordenador de produção editorial	Marcelo Henrique Ferreira Fontes
Gerente de arte	Ricardo Borges
Coordenadora de arte	Daniela Máximo
Projeto gráfico	Bruno Attili, Juliana Carvalho
Projeto de capa	Sergio Cândido
Ilustração de capa	Rodrigo Pascoal
Supervisora de arte	Patricia de Michelis
Editora de arte	Marina Martins Almeida
Diagramação	Marina Martins Almeida, Yan Comunicação
Tratamento de imagens	Eziquiel Racheti
Coordenadora de ilustrações e cartografia	Marcia Berne
Ilustrações	Adilson Farias, André Ricci/Yan, Arthur França/Yan, Arthur Mask, Cacá França, Carlos Araújo, Clara Gavilan, Daniel Bogni, Doug Lira, Eduardo Medeiros, Estúdio Ornitorrinco, Fábio Eugenio, Felipe Camêlo, Guilherme Franco, Guilherme Grandizolli, Ideário Lab, Lassmar, Luiz Perez Lentini, Mariana Yatsuda Ikuta, Pedro Corrêa, Renam Penante, Wandson Rocha
Coordenadora de preparação e revisão	Lilian Semenichin
Supervisora de preparação e revisão	Viviam Moreira
Revisão	Adriana Périco, Aline Araújo, Camila Cipoloni, Carina de Luca, Célia Camargo, Felipe Bio, Fernanda Rodrigues, Fernando Cardoso, Heloisa Beraldo, Iracema Fantaguci, Lívia Perran, Márcia Anjo, Paulo Andrade, Rita Lopes, Sônia Cervantes, Veridiana Maenaka
Supervisora de iconografia e licenciamento de textos	Elaine Bueno
Iconografia	Marcia Trindade
Licenciamento de textos	Bárbara Clara, Mayara Ribeiro
Supervisora de arquivos de segurança	Silvia Regina E. Almeida
Diretor de operações e produção gráfica	Reginaldo Soares Damasceno

Dados Internacionais de Catalogação na Publicação (CIP)
(Câmara Brasileira do Livro, SP, Brasil)

Demasi, Angélica Alves Prado
  Língua Portuguesa : Angélica e Cristina, 4º ano /
Angélica Alves Prado Demasi, Cristina Tibiriçá
Hülle. – 1. ed. – São Paulo : FTD, 2018.

  Bibliografia.
  ISBN 978-85-96-02030-5 (aluno)
  ISBN 978-85-96-02031-2 (professor)

  1. Português (Ensino fundamental) I. Hülle,
Cristina Tibiriçá. II. Título.

18-21408   CDD-372.6

Índices para catálogo sistemático:
  1. Português : Ensino fundamental   372.6

Maria Alice Ferreira - Bibliotecária - CRB-8/7964

1 2 3 4 5 6 7 8 9

Envidamos nossos melhores esforços para localizar e indicar adequadamente os créditos dos textos e imagens presentes nesta obra didática. No entanto, colocamo-nos à disposição para avaliação de eventuais irregularidades ou omissões de crédito e consequente correção nas próximas edições. As imagens e os textos constantes nesta obra que, eventualmente, reproduzam algum tipo de material de publicidade ou propaganda, ou a ele façam alusão, são aplicados para fins didáticos e não representam recomendação ou incentivo ao consumo.

Reprodução proibida: Art. 184 do Código Penal e Lei 9.610 de 19 de fevereiro de 1998.
Todos os direitos reservados à **EDITORA FTD**.

Produção gráfica
FTD EDUCAÇÃO | GRÁFICA & LOGÍSTICA
Avenida Antônio Bardella, 300 - 07220-020 GUARULHOS (SP)
Fone: (11) 3545-8600 e Fax: (11) 2412-5375

Rua Rui Barbosa, 156 – Bela Vista – São Paulo – SP
CEP 01326-010 – Tel. 0800 772 2300
Caixa Postal 65149 – CEP da Caixa Postal 01390-970
www.ftd.com.br
central.relacionamento@ftd.com.br

A comunicação impressa
e o papel têm uma ótima
história ambiental
para contar
TWO SIDES
www.twosides.org.br

SUMÁRIO

Conheça seu livro 6

UNIDADE 1 • GRANDES AVENTURAS 8

CAPÍTULO 1 • Um por todos e todos por um! 10
Gênero: Narrativa de aventura

Trecho de *Os três mosqueteiros*, de Alexandre Dumas
De palavra em palavra • Artigos • Substantivos • Adjetivos • Verbos 14
Qual é a letra? • M e n em final de sílaba 18
Rede de leitura • Texto *Os mosqueteiros realmente existiram na França?* 20

CAPÍTULO 2 • Aventuras no mar 22
Gênero: Narrativa de aventura

Trecho de *Robinson Crusoé*, de Daniel Defoe
De palavra em palavra • Palavras oxítonas, paroxítonas e proparoxítonas 28
Qual é a letra? • Palavras terminadas em -ês, -esa, -ez, -eza 30
Mão na massa! • Escrita de narrativa de aventura 32
De olho no texto • Revisão e reescrita do texto ... 34
Oralidade em ação • Realização de entrevista ... 36
Ideia puxa ideia • *De heroína no Mar Egeu à piscina olímpica: conheça Yusra Mardini* 38

UNIDADE 2 • UM OLHAR PARA A IMAGINAÇÃO 40

CAPÍTULO 1 • Palavras, sentidos e sensações 42
Gênero: Poema

Alice no país da poesia, de Elias José
De palavra em palavra • Comparação e metáfora 46
Qual é a letra? • Palavras com g e j 48
Rede de leitura • *"Alice no país das maravilhas" faz 150 anos...* e poemas cômicos (limeriques) 50

CAPÍTULO 2 • Histórias em poemas 54
Gênero: Poema

A avó, de Olavo Bilac
De palavra em palavra • Sinônimo e antônimo 56
Qual é a letra? • Formação de adjetivos terminados em -oso e -osa 58
Mão na massa! • Escrita de história em forma de poema 60
De olho no texto • Revisão e reescrita do texto 61
Oralidade em ação • Apresentação de pesquisa sobre poetas brasileiros 62
Ideia puxa ideia • *Família desencontrada*, de Mario Quintana, e *Movimentos da Terra*, de Rosane Pamplona 64

UNIDADE 3 • HISTÓRIAS DE QUEM FAZ HISTÓRIA 68

CAPÍTULO 1 • Um escritor muito conhecido 70
Gênero: Biografia e autobiografia

Ziraldo: a biografia
Palavras no dicionário • Análise de verbetes 74
De palavra em palavra • Pronomes pessoais ... 76
Qual é a letra? • Por que, porque, por quê e porquê 78
Rede de leitura • Monteiro Lobato • Linha do tempo 80

CAPÍTULO 2 • Tarsila para sempre 84
Gênero: Biografia e autobiografia

Tarsila do Amaral, de Nereide S. Santa Rosa
De palavra em palavra • Pessoas do discurso 90
Qual é a letra? • Onde e aonde 92
Mão na massa! • Escrita de autobiografia 94
De olho no texto • Revisão e reescrita do texto 96
Oralidade em ação • Dramatização de biografia ... 98
Ideia puxa ideia • Autorretratos de artistas ... 100
Meu lugar no mundo • Arte sustentável 102

UNIDADE 4 • O ENCANTO DAS HISTÓRIAS POPULARES 104

CAPÍTULO 1 • Uma história do folclore brasileiro 106
Gênero: Conto popular

O bicho-folha, de Vera do Val
De palavra em palavra • Marcadores temporais na narrativa 110
Qual é a letra? • Terminações verbais -ar, -er, -ou e -ndo 112
Rede de leitura • Texto teatral *A Cabra e o Burro*, de José Carlos Aragão 114

CAPÍTULO 2 • Uma história de outros tempos 116
Gênero: Conto popular

A serpente de ouro, de Rosane Pamplona
Palavras no dicionário • Leitura de verbetes 120
De palavra em palavra • Sinais de pontuação • Uso da vírgula 122
Qual é a letra? • Separação de sílabas • Encontro vocálico e encontro consonantal 124
Mão na massa! • Conto popular 126
De olho no texto • Revisão e reescrita do texto 128
Oralidade em ação • Dramatização de conto 130
Ideia puxa ideia • Boi-bumbá 132

UNIDADE 5 • VAMOS VIAJAR? 134

CAPÍTULO 1 • Preparando a viagem 136
Gênero: Relato de viagem

Férias na Antártica, de Laura, Tamara e Marininha Klink
De palavra em palavra • Palavras terminadas em -íssimo e -inho • Substantivo e adjetivo 142
Qual é a letra? • Palavras com c e ç 144
Rede de leitura • Notícia *Começa primeira expedição científica ao redor da Antártida* 146

CAPÍTULO 2 • Dar a volta ao mundo 148
Gênero: Relato de viagem

Em busca do sonho, de Heloisa Schurmann
De palavra em palavra • Adjetivos e locuções adjetivas 152
Qual é a letra? • Mas e mais 154
Mão na massa! • Escrita de relato de viagem 156
De olho no texto • Revisão e reescrita do texto 157
Oralidade em ação • Apresentação sobre ponto turístico brasileiro 158
Ideia puxa ideia • *A Carta de Pero Vaz de Caminha* 160
Meu lugar no mundo • Energia sustentável 162

UNIDADE 6 • ÚLTIMAS NOTÍCIAS 164

CAPÍTULO 1 • De olho nos fatos 166
Gênero: Notícia

Leitura, interpretação e elementos da notícia
De palavra em palavra • Utilização de aspas em citação 174
Qual é a letra? • Sons representados pela letra x 176
Rede de leitura • Anúncio publicitário 178

CAPÍTULO 2 • Plantando árvores 180
Gênero: Notícia

Leitura e interpretação de notícia
De palavra em palavra • Tempos verbais: presente, pretérito e futuro 182
Qual é a letra? • Terminações verbais -isar e -izar 184
Mão na massa! • Escrita de notícia 186
De olho no texto • Revisão e reescrita do texto 188
Oralidade em ação • Jornal falado 190
Ideia puxa ideia • Importância da arborização e ciclo da água 192
Meu lugar no mundo • Práticas sustentáveis 194

UNIDADE 7 — NO MUNDO DA MITOLOGIA GREGA 196

CAPÍTULO 1 • E a Terra surgiu... 198
Gênero: Mito grego

Prometeu, mito recontado por Eric A. Kimmel
- **Palavras no dicionário** • Leitura de verbetes .. **204**
- **Tem mais mito!** • *Minotauro é um monstro que vive em um labirinto*, de Arthur Nestrovski **206**
- **De palavra em palavra** • Concordância nominal **208**
- **Qual é a letra?** • Há e a **210**
- **Rede de leitura** • *Galopando pelos mares*, de Henrique Caldeira Costa **212**

CAPÍTULO 2 • Um escultor habilidoso 214
Gênero: Mito grego

Pigmalião e Galateia, mito recontado por Eric A. Kimmel
- **De palavra em palavra** • Coesão **218**
- **Qual é a letra?** • Trás e traz **220**
- **Mão na massa!** • Reprodução de mito **222**
- **De olho no texto** • Revisão e reescrita do texto **224**
- **Oralidade em ação** • Encenação de mito: teatro de fantoches **226**
- **Ideia puxa ideia** • *Histórias sobre o roubo do fogo* e *Como foi a descoberta do fogo?* **228**

UNIDADE 8 — CIÊNCIA EM TODA PARTE 230

CAPÍTULO 1 • Descobertas científicas 232
Gênero: Texto de divulgação científica

Chega de chororô, revista Ciência Hoje das Crianças
- **Palavras no dicionário** • Consulta de verbetes **234**
- **De palavra em palavra** • Tempos verbais: passado, presente, futuro **236**
- **Qual é a letra?** • Verbos terminados em -ão e -am **238**
- **Rede de leitura** • Comparação entre HQ, texto de divulgação científica e capa de livro **240**

CAPÍTULO 2 • Conhecendo as aves de rapina 242
Gênero: Texto de divulgação científica

Rei das rapinas, revista Ciência Hoje das Crianças
- **De palavra em palavra** • Coesão e marcadores de tempo **246**
- **Qual é a letra?** • Letra h inicial e interjeição .. **248**
- **Mão na massa!** • Escrita de texto de divulgação científica **250**
- **De olho no texto** • Revisão e reescrita do texto **251**
- **Oralidade em ação** • Debate sobre manchetes de notícias **252**
- **Ideia puxa ideia** • Biografia da botânica Graziela Maciel Barroso **254**

Referências bibliográficas **256**

CONHEÇA SEU LIVRO

Seu livro apresenta oito unidades, cada uma delas organizada em: **abertura de unidade**, **capítulos** e **seções**.

ABERTURA DE UNIDADE
Introduz o trabalho que será desenvolvido, propondo observação e leitura de imagens.

CAPÍTULO
Composto de seções com textos e atividades que exploram e desenvolvem os conteúdos e conceitos.

BOXES

Fique ligado
Sugestões de livros, músicas, filmes, vídeos e *sites* para conhecer mais sobre o assunto que está estudando.

Saiba que...
Informações, dicas e curiosidades que complementam e enriquecem o assunto tratado.

Estes **ícones** indicam a forma como você vai **realizar as atividades**:

- ATIVIDADE ORAL
- ATIVIDADE EM DUPLA
- ATIVIDADE EM GRUPO

SEÇÕES

De palavra em palavra
Você constrói seu conhecimento dos usos da língua e reflete sobre a gramática.

Qual é a letra?
Você trabalha a ortografia pela observação das palavras e do modo como são escritas.

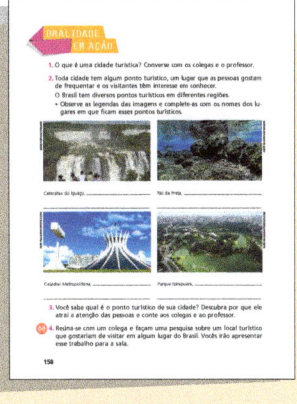

Oralidade em ação
Você reflete sobre o uso da língua falada em diferentes situações sociocomunicativas, aprendendo a ouvir e a se expressar adequadamente.

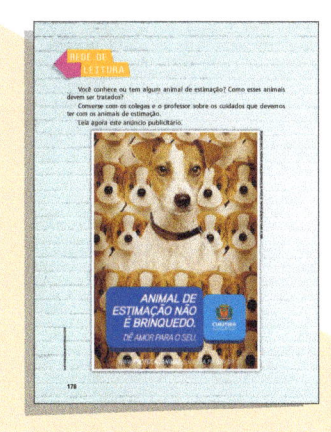

Rede de leitura
Você conhece diferentes textos e amplia suas habilidades de leitura.

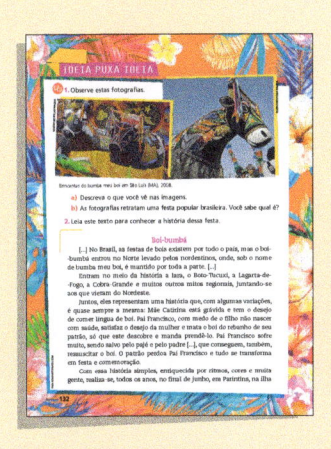

Ideia puxa ideia
Você retoma conceitos trabalhados na unidade em conexão com outras áreas do saber.

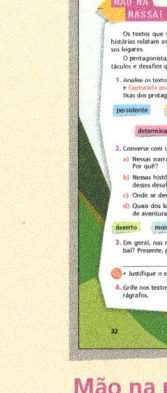

Mão na massa!
Momento para você produzir textos, colocando em prática o que aprendeu e mostrando sua criatividade na língua escrita.

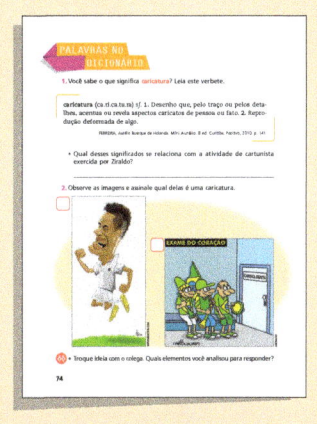

Palavras no dicionário
Você vai entender a organização de um dicionário e saber em que situações pode usar os significados de determinadas palavras.

Meu lugar no mundo
Você reflete sobre preservação ambiental e sobre valores e atitudes que contribuem para sua formação como cidadão.

De olho no texto
Você reflete sobre os textos que produziu e desenvolve habilidades para aperfeiçoá-los por meio da revisão e da reescrita.

7

UNIDADE 1

GRANDES AVENTURAS

Converse com os colegas e responda às questões.

1. Observe as cenas da imagem. A que histórias as personagens, o cenário e os acontecimentos mostrados fazem referência?
2. O que essas histórias têm em comum?
3. Qual história de aventura é a sua preferida? Por quê?

CAPÍTULO 1
UM POR TODOS E TODOS POR UM!

- Leia o título deste capítulo. Você conhece esse lema? Sabe de que história ele faz parte?

Leia um capítulo dessa história.

A flor tatuada

D'Artagnan apostou na curiosidade das mulheres e acertou! *Lady* Clark respondeu ao bilhete, concedendo-lhe a visita.

Quando contou as novidades aos três mosqueteiros, Athos ficou preocupado:

— Iremos com você. Todo cuidado é pouco com essa mulher! — ele preveniu.

— Como sabe? — D'Artagnan estranhou que os três quisessem acompanhá-lo.

— Porque fui casado com *lady* Clark, caro amigo! — Athos exclamou. — Ela ordenou a um de seus espiões que me matasse! Tem a flor-de-lis tatuada no ombro esquerdo, o que, como você sabe, significa que é uma traidora da França. Ela manda matar todos que atrapalham seu caminho!

Assim, D'Artagnan cavalgou até a casa de *lady* Clark acompanhado de seus amigos mosqueteiros. Ao chegar lá, Athos, Porthos e Aramis esconderam seus cavalos e dominaram os guardas de *lady* Clark. Depois disso, vestiram roupas dos guardas e misturaram-se aos criados da casa.

Lady Clark, que nada sabia, recebeu o jovem D'Artagnan. Ele notou que a mulher estava nervosa.

— Algo errado, senhora?

— Tenho um inimigo muito perigoso, senhor. E conto com sua ajuda para matá-lo! — *lady* Clark exclamou.

— Por que deveria fazer isso? As pessoas não são obrigadas a amá-la, *lady* Clark — D'Artagnan sorriu.

— O senhor está faltando com o respeito! — retrucou *lady* Clark, sentindo-se humilhada.

D'Artagnan chegou mais perto e encarou-a ao dizer:

— Na minha opinião, é a senhora que não respeita o nosso rei, pois está tramando contra ele!

Lady Clark compreendeu que D'Artagnan sabia de tudo. Arregalou os olhos e correu em direção à porta, gritando por sua guarda.

D'Artagnan correu atrás dela e alcançou-a.

"Essa mulher é tão linda! Athos deve estar enganado! Não é possível que ela seja uma criminosa!", D'Artagnan estava quase desistindo de chamar os três mosqueteiros.

No entanto, ele pisou sem querer no vestido de *lady* Clark, e a manga esquerda se rasgou, deixando à mostra a flor-de-lis tatuada em seu ombro.

Desesperada, a mulher sacou um punhal de um pequeno bolso escondido entre as dobras do vestido.

— Guardas, ajudem-me! — ela continuou gritando por socorro. — Vou matá-lo — e lançou-se sobre o rapaz.

D'Artagnan segurou o pulso da mulher, que deixou cair o punhal no chão. Nesse momento, os guardas do cardeal surgiram e cercaram D'Artagnan. O jovem empunhou sua espada e assobiou, chamando os três mosqueteiros.

— Um por todos! Todos por um! — bradaram os três ao entrar na sala pela janela.

Seguiu-se uma terrível luta. D'Artagnan conseguiu dominar lady Clark com uma das mãos e, com a outra, duelava com um dos guardas. Athos lutou com dois guardas ao mesmo tempo, enquanto Porthos e Aramis enfrentaram cinco guardas.

De repente, ouviu-se um tropel de cavalos. A luta foi interrompida imediatamente.

— O cardeal mandou reforços! — exclamou lady Clark, triunfante.

Havia mais de cinquenta guardas armados e D'Artagnan, Athos, Porthos e Aramis não tiveram outra alternativa, a não ser fugir pela passagem secreta!

— Traidores merecem a prisão! — D'Artagnan advertiu a bela mulher antes de sair.

Em seguida, os quatro amigos saíram em disparada pelos corredores, desaparecendo pela porta secreta.

Alexandre Dumas. **Os três mosqueteiros**. Adaptação de Telma Guimarães Castro Andrade. São Paulo: Scipione, 2002. p. 33-36.

1. Na sua opinião, quem é a personagem central nesse capítulo da história? Explique.

2. Por que D'Artagnan foi à casa de *lady* Clark?

☐ Para tentar descobrir qual era a conspiração.

☐ Para lutar com ela.

☐ Para demonstrar sua coragem.

3. Qual o desafio que o jovem enfrenta neste trecho da história?

_____

_____

_____

4. Quem ajuda D'Artagnan nesse desafio?

_____

_____

5. Quais características podem ser atribuídas a D'Artagnan? Circule-as no quadro.

amigo	distraído	leal	amoroso
falso	inteligente	lutador	esperto
curioso	triste	malvado	corajoso

6. O texto que você leu é o trecho de uma narrativa de aventura. Que elementos do texto podem comprovar essa afirmação?

7. Por quem é feita a narração da história?

☐ Uma das personagens envolvidas na história.

☐ Um narrador que não participa da história.

8. Leia a referência do texto.

a) Quem é o autor da história **Os três mosqueteiros**?

b) O que significa a informação "Adaptação de Telma Guimarães Castro Andrade"? Converse com os colegas e o professor.

c) Na sua opinião, por que várias obras são adaptadas?

13

DE PALAVRA EM PALAVRA

1. Releia esta frase do texto **A flor tatuada** e observe a palavra destacada.

> Desesperada, a mulher sacou um punhal de um pequeno bolso escondido entre as dobras do vestido.

a) A palavra a refere-se a qual termo da frase?

_____

b) O que ela indica na frase? Assinale a alternativa correta.

☐ Indica que se trata de uma mulher desconhecida do protagonista.

☐ Indica que se trata de uma mulher conhecida do protagonista.

c) Se em vez de **a mulher** estivesse escrito **uma mulher**, o sentido permaneceria o mesmo?

_____

_____

_____

> As palavras **os** e **uns** são chamadas de **artigos**. O artigo acompanha o substantivo.
>
> Os artigos definidos — **o**, **os**, **a**, **as** — indicam determinados seres entre outros da mesma espécie, conhecidos ou que já tenham sido mencionados.
>
> Exemplo: *A dama puxou o punhal.* (A dama é conhecida dele.)
>
> Os artigos indefinidos — **um**, **uns**, **uma**, **umas** — indicam seres de modo geral, indeterminados.
>
> Exemplo: *Uma dama puxou o punhal.* (A dama não é uma pessoa conhecida dele.)

2. Agora, você vai conhecer mais um trecho do livro Os três mosqueteiros. Complete as lacunas com os artigos o, os, a, as, um, uns, uma ou umas.

O convite de Richelieu

Mais tarde, D'Artagnan, Porthos e Aramis reuniram-se na casa de Athos. _____ jovem D'Artagnan concluiu:

— Você tinha razão, Athos! Lady Clark é mesmo _____ traidora da França!

Athos estava bem sério. O comandante De Tréville tinha avisado há pouco que _____ França havia declarado guerra contra a Inglaterra.

— Esta carta é para você — disse Athos, entregando _____ envelope a D'Artagnan.

— _____ carta do cardeal! — D'Artagnan arregalou _____ olhos e leu em voz alta:

Sua Excelência, o cardeal Richelieu, ordena que Vossa Senhoria se apresente amanhã no Palácio Real, às oito horas.

Richelieu

Alexandre Dumas. **Os três mosqueteiros**. Adaptação de Telma Guimarães Castro Andrade. São Paulo: Scipione, 2002. p. 37.

- Converse com os colegas e o professor sobre a função dos artigos nesse trecho.

3. Organize as palavras e escreva as frases formadas.

a) enfrentar Nas histórias conseguir protagonista desejado. o precisa os obstáculos de aventura, antes de o prêmio

_____

_____

b) empunhou O jovem os sua espada três chamando mosqueteiros. e assobiou,

_____

_____

4. Releia este trecho de **A flor tatuada**.

> Seguiu-se uma terrível luta. D'Artagnan conseguiu dominar *lady* Clark com uma das mãos e, com a outra, duelava com um dos guardas. Athos lutou com dois guardas ao mesmo tempo, enquanto Porthos e Aramis enfrentaram cinco guardas.

• O que as palavras destacadas indicam? Assinale a alternativa correta.

☐ As ações das personagens.

☐ Nomes dados aos seres em geral.

☐ Características das pessoas e dos lugares.

5. Complete a frase.

• As palavras que dão nomes a todos os seres que existem são chamadas de _____.

6. Dê duas características a cada um destes substantivos.

luta: _____

guardas: _____

7. Complete a frase.

• _____ são palavras que modificam o significado do substantivo, acrescentando-lhe noções de qualidade, natureza, estado etc.

8. Jogo rápido! Reúna-se com um colega. Sigam as instruções.

- Você e o colega devem escrever em uma folha à parte os nomes de seis objetos.
- Chamem outros dois colegas para compartilhar o que escreveram.
- Completem sua lista com as palavras da outra dupla.
- Cada dupla tem três minutos para escrever adjetivos para cada substantivo da lista.
- Vence a dupla que terminar primeiro e escrever um número maior de adjetivos que sejam adequados aos substantivos.

9. Pinte da mesma cor o trio de peças que combinam.

| garoto | meninas | família | moça |

| rapaz | animais | menino | bichos |

(inteligente) (estudiosas) (feliz) (esperto)

(tagarela) (malvado) (ferozes) (estranhos)

△ o △ as △ a △ um

△ uma △ um △ os △ uns

10. Complete as frases.

a) As palavras **um**, **uns**, **uma(s)**, **o(s)**, **a(s)** acompanham os substantivos e são chamadas de _____.

b) Cada trio de palavras da atividade 9 é composto de _____, _____ e _____.

11. Releia este trecho de **A flor tatuada**.

> Assim, D'Artagnan cavalgou até a casa de *lady* Clark acompanhado de seus amigos mosqueteiros. Ao chegar lá, Athos, Porthos e Aramis esconderam seus cavalos e dominaram os guardas de *lady* Clark.

Circule as palavras que indicam ação e complete a frase.

• As palavras que indicam ação são chamadas de _____.

QUAL É A LETRA?

1. Releia estes trechos de **A flor tatuada**.

> Tem a flor-de-lis tatuada no ombro esquerdo, o que, como você sabe, significa que é uma traidora da França.

> Athos lutou com dois guardas ao mesmo tempo, enquanto Porthos e Aramis enfrentaram cinco guardas.

> De repente, ouviu-se um tropel de cavalos. A luta foi interrompida imediatamente.

a) Circule as palavras que têm a letra **m** em final de sílaba (não vale **m** em final de palavra).

b) Que letras aparecem depois da letra **m**? _____

> Para saber se uma palavra é escrita com **m** ou **n** quando essas letras estão no final de uma sílaba, basta verificar a letra que vem depois. Se for **p** ou **b**, a palavra é escrita com **m**.

2. Junte-se a um colega. Em uma folha à parte, escrevam cinco palavras com a letra **m** em final de sílaba (não vale **m** em final de palavra) e cinco com a letra **n**. Vocês podem consultar jornais e revistas para ajudá-los na tarefa.

- Reúnam-se com outra dupla e compartilhem as palavras. Anotem as palavras diferentes das suas. Assim, todos terão as mesmas palavras para começar um jogo.
- Dessa lista, cada dupla vai escolher sete palavras para escrever uma frase.
- Quando terminarem, as duplas devem trocar as frases para a correção. Se necessário, peçam ajuda ao professor.
- Combinem um código para a correção.
- Na correção, verifiquem:
  - ✓ Uso da letra maiúscula no início das frases.
  - ✓ Pontuação.
  - ✓ Grafia das palavras.
- A frase escrita corretamente vale 15 pontos.
- Se houver erros, devem ser descontados três pontos para cada erro.
- Vence a dupla que tiver marcado mais pontos.

3. Reúna-se com um colega. Cada um vai escrever as respostas para um desafio.

- O professor vai marcar o tempo.
- Cada desafio resolvido vale dois pontos.
- Vence o participante da dupla que tiver resolvido mais desafios.
- Os pontos só são válidos para as palavras escritas corretamente.

a) Nome de fruta que rima com bola: _____.

b) O marido da comadre: _____.

c) Profissional que presta socorro em caso de incêndio ou acidente: _____.

d) Mês em que começa o verão: _____.

e) O mesmo que temporal: _____.

f) Doce de chocolate que tem no nome duas sílabas repetidas: _____.

g) Título dado a um time que vence um campeonato: _____.

h) Quando ameaçado, esse animal solta um líquido muito fedido: _____.

4. Complete as frases utilizando algumas palavras da atividade anterior. Faça as adaptações necessárias.

a) Faz parte das tarefas dos _____ realizar salvamentos e buscas em todo tipo de ambiente.

b) A conquista parecia impossível, mas no final a equipe se tornou _____.

c) O aniversariante distribuiu muitos _____ aos convidados.

19

REDE DE LEITURA

Leia o texto com o professor.

Os mosqueteiros realmente existiram na França?

Por **Redação Mundo Estranho**

Acesso em: 19 ago. 2016, 17h19 -
Publicado em 18 abr. 2011, 18h54

Sim. No século 17, havia uma corporação militar, considerada a elite do exército francês, que servia como escolta pessoal do rei. Essa tropa surgiu por volta de 1600, quando o soberano Henrique IV formou um grupo de guardas, cuidadosamente selecionados, que passou a ser responsável por sua segurança. Além de exímios espadachins, esses soldados também usavam carabinas e eram chamados de "carabineiros". O desenvolvimento do mosquete, uma arma mais avançada, mudou o nome do grupo. "Quando Luís XIII subiu ao trono da França (em 1610), ordenou que os carabineiros fossem armados com mosquetes. Então, esses soldados se tornaram conhecidos como mosqueteiros", diz a historiadora americana Chris Hoopes. Ela ressalta, porém, que jamais foi encontrado um documento oficial se referindo a uma tropa especial com o nome de mosqueteiros. O que existe, na verdade, são evidências históricas sobre esses guardas reais.

No começo, a tropa tinha só 100 homens, que recebiam treinamento em esgrima, tiro ao alvo e táticas de combate, além de aulas sobre a refinada etiqueta da corte francesa. Ao longo dos séculos

Escultura dos mosqueteiros, na França.

seguintes, o grupo cresceu ou foi dissolvido ao sabor das intrigas políticas da França. "Os mosqueteiros só deixaram de existir em

Carabina: arma de fogo.
Espadachim: aquele que luta com a espada.
Exímio: excelente.
Tropa: grupo de soldados.

1815", diz Hoopes. No mesmo século 19, mas três décadas após o desaparecimento da famosa unidade, ela foi imortalizada no livro **Os três mosqueteiros**, publicado em 1844 pelo romancista francês Alexandre Dumas. "Essa obra [...] é baseada em fatos reais, os personagens existiram, mas o autor cria eventos que são frutos de sua imaginação", afirma a historiadora Vera Vieira, da Pontifícia Universidade Católica de São Paulo (PUC-SP).

Os mosqueteiros realmente existiram na França? **Mundo estranho**, 18 abr. 2011. Disponível em: <http://mundoestranho.abril.com.br/historia/os-mosqueteiros-realmente-existiram-na-franca/>.
Acesso em: 8 set. 2017.

Converse com os colegas e o professor sobre as questões propostas.

1. Na sua opinião, os verdadeiros mosqueteiros foram heróis? Justifique.

2. Por que eles precisavam ser exímios espadachins?

3. Que documentos poderiam ser considerados evidências ou provas históricas para comprovar que os mosqueteiros existiram? Converse com os colegas e o professor e dê sua opinião.

4. Na sua opinião, a história dos três mosqueteiros é conhecida até hoje porque eles foram heróis reais que se tornaram personagens? Explique.

5. Na França atual, ainda existem espadachins e guarda real? Reúna-se com seu colega para pesquisar.
   • O que mudou na França de 1844 (quando foi escrito o livro) e na atual?

6. Aponte semelhanças e diferenças entre este texto e o trecho da obra **Os três mosqueteiros** que você leu.

7. Nesse texto há depoimentos de pessoas? O que dizem? Como é possível identificá-los?

8. Por que a obra **Os três mosqueteiros** é considerada um clássico?

CAPÍTULO 2
AVENTURAS NO MAR

- Você já se imaginou em uma aventura pelo mar? Que tipo de embarcação você escolheria? Quem você levaria junto?

Na história que você vai ler, Robinson Crusoé aventurou-se ainda muito jovem pelos mares. Saiba como tudo começou.

Ao mar

Nasci em 1632, na cidade de York, Inglaterra. Meu pai vinha de Bremen, na Alemanha, e era da família Kreutznaer; minha mãe era inglesa, de sobrenome Robinson. Portanto, meu nome é Robinson Kreutznaer. Porém, como em meu país ninguém conseguia pronunciar esse nome, passei a ser chamado de Robinson Crusoé.

Sempre quis sair pelo mundo em aventuras. Contudo, meu pai era um comerciante muito cuidadoso, e fez um discurso feroz contra essa minha vontade. Tentei convencer minha mãe de que queria ir ao mar. Os dois ficaram bravos comigo, pois desejavam que eu permanecesse em casa e aprendesse uma profissão decente.

Um dia, quando eu tinha dezenove anos, fui com um amigo até o porto de Hull. Ele ia embarcar no navio de seu pai, que seguiria para Londres, e convidou-me para acompanhá-lo. Lembrei os sábios conselhos de meu pai, mas o chamado da aventura foi mais forte. Embarquei como marinheiro sem avisar ninguém da minha família.

Logo no primeiro dia, fiquei muito enjoado com o movimento do mar. Um vento forte começou a soprar, o navio balançou muito e pensei que fosse morrer. Mais tarde, o tempo clareou e os outros marinheiros riram de mim.

— Você pensou que aquilo era uma tempestade? Que nada, foi só um ventinho à toa.

Deram-me um pouco de rum e eu esqueci o medo que tinha passado. No sexto dia, o vento parou e ficamos descansando numa calmaria. Ninguém parecia preocupado; o mestre deu ordem para baixar âncora não muito longe da costa.

Enquanto alguns marinheiros dormiam e outros contavam piadas, começou um vento fortíssimo, que assustou todos aqueles velhos lobos do mar. Eles correram para recolher as velas, e vimos dois navios que estavam por perto afundarem.

Contramestre: profissional que coordena os trabalhos dos marinheiros no convés de um navio.

A tempestade durou a noite inteira, e começou a entrar água no porão por um buraco no casco. Ajudei a bombear água para fora. Apesar de todo mundo trabalhar muito, o navio começou a afundar. Eu quase desmaiei de medo. O contramestre dava tiros no ar para pedir ajuda. Um outro navio mandou um bote pelas águas bravas para nos salvar.

Abandonamos o navio e remamos com todas as nossas forças para a praia. Quando olhamos para trás, vimos nosso navio afundar de repente, levando toda a carga para o fundo do mar. Se ainda estivéssemos a bordo, todos nós teríamos morrido!

Em terra, as pessoas do vilarejo nos receberam muito bem e lamentaram o nosso desastre. Deram-nos comida e um pouco de dinheiro para podermos voltar para casa.

Capturado por piratas

Eu poderia ter voltado para a casa dos meus pais e esquecido aquela aventura, mas preferi viajar por terra até Londres. Lá conheci um senhor muito honesto, que gostou de mim e resolveu levar-me com ele numa viagem até a costa da Guiné, no continente africano.

[...]

Adaptado de: Daniel Defoe. **Robinson Crusoé**. Adaptação de Laura Bacellar. São Paulo: Scipione, 2002. p. 5-12.

- Antes de continuar a leitura, converse com seus colegas e professor sobre o que você acha que vai acontecer. Agora siga a aventura e veja se sua hipótese está correta.

[...]

O homem era capitão e ensinou-me muito sobre navegação e também como negociar na África. Voltei dessa minha primeira viagem com trezentas libras de lucro. Infelizmente, ele morreu logo depois.

Libra: nome do dinheiro usado na Inglaterra.

Segui na próxima viagem a bordo do mesmo navio, mas sem a sua companhia. Deixei duzentas libras guardadas com a viúva desse meu amigo.

Quando passamos pelas ilhas Canárias, a caminho da costa da África, um navio turco veio atrás de nós. Içamos todas as velas para fugir com o vento, mas fomos alcançados pelos piratas. Apesar de abrirmos fogo com nossos doze canhões, eles conseguiram emparelhar conosco.

Havia mais de duzentos homens a bordo, e sessenta deles pularam para o nosso barco. Depois de muita luta, três dos nossos marujos morreram e oito ficaram feridos. Até que nos rendemos. Fomos levados como prisioneiros para a cidade de Salé, no Marrocos.

Tornei-me escravo de um árabe muito rico. Por dois anos fiquei cuidando do seu jardim e do seu barco e obedecendo a todas as suas ordens, enquanto sonhava em escapar. Ele tinha um belo barco inglês, que usava para pescar no mar. Como eu era bom pescador, sempre o acompanhava.

Certa vez, quase nos perdemos numa neblina que surgiu de repente, e ele passou muita sede. Depois disso, ordenou que tivéssemos sempre água e comida a bordo, para o caso de algum acidente. Mandou construir uma pequena cabina, com uma mesa e espaço para dormir, e colocou uma bússola no barco.

Um dia, meu patrão árabe avisou que ia receber nobres amigos para uma pescaria. Recebi ordens para abastecer seu barco com água, comida, vinhos e três fuzis com pólvora e balas porque eles também pretendiam caçar. No entanto, aquelas pessoas importantes desistiram do passeio.

Meu patrão queria peixe fresco para o jantar com os nobres. Determinou então que eu saísse para pescar com seu mordomo e um outro rapaz, que também era escravo.

Pedi ao mordomo que pegasse mais comida, pois um escravo não poderia nem encostar nos deliciosos pratos que havia a bordo. Ele concordou e, enquanto estava distraído, aproveitei para pegar cera de abelha para fazer velas, um rolo de linha, um machado, uma serra e um martelo.

Eu ainda disse ao árabe:

— As armas do patrão estão a bordo. Por que você não pega mais pólvora e chumbo? Podemos caçar maçaricos.

Esse tipo de ave é comum naquela costa.

Inocentemente, ele concordou e trouxe uma grande bolsa cheia de pólvora para o barco, além de outra com chumbo para tiro. Partimos rumo ao mar, e os guardas na saída da baía nos deixaram passar, pois éramos conhecidos.

Levei o barco para bem longe da costa, deixei o garoto no leme e, como quem não quer nada, fui até o mordomo, abaixei-me e o empurrei de repente para a água. Ele caiu no mar e começou a nadar de volta para o barco. Peguei uma dessas armas e o ameacei, exigindo que nadasse de volta para a terra. Como ele nadava muito bem, tenho certeza de que chegou a salvo.

Perguntei ao garoto, que se chamava Xury, se ia me obedecer. Ele jurou que sim, pelas barbas do profeta, e decidi ficar com ele a bordo em vez de jogá-lo no mar.

Icei as velas e fui na direção do estreito de Gibraltar, para que o mordomo pensasse que eu ia fugir para a Espanha. Quando começou a escurecer, virei o barco para o sul e segui ao longo da costa da África, para as terras selvagens.

[...]

Daniel Defoe. **Robinson Crusoé**. Adaptação de Laura Bacellar. São Paulo: Scipione, 2002. p. 5-12.

EXPLORANDO A HISTÓRIA

1. Quem é o narrador da história que você leu?
  - Como o leitor consegue descobrir quem conta a história?

2. Qual era o desejo de Robinson Crusoé?

_____

_____

3. Releia este trecho da história e converse com os colegas e o professor sobre as questões.

> Sempre quis sair pelo mundo em aventuras. Contudo, meu pai era um comerciante muito cuidadoso, e fez um discurso feroz contra essa minha vontade.

a) O que significa dizer que o pai fez um "discurso feroz"?

b) Você já ouviu um "discurso feroz" de seus pais ou das pessoas responsáveis por você? Conte como foi.

4. O que aconteceu na primeira aventura vivida por Robinson Crusoé? Numere as ações de acordo com a ordem em que aconteceram.

☐ Embarcou em um navio que seguiria para Londres.

☐ O vento parou e o mestre deu ordem para baixar âncora.

☐ No início da viagem, um vento forte começou a soprar e o navio balançou.

☐ As pessoas do vilarejo deram comida e dinheiro para a tripulação voltar para casa.

☐ Entrou água no porão do navio, que começou a afundar.

☐ A tripulação conseguiu um bote e remou até a praia.

☐ Houve uma grande tempestade e dois navios afundaram.

5. Você sabe quem são os "lobos do mar" citados no texto?
   • Na sua opinião, por que eles são chamados dessa maneira?

6. Releia este trecho.

> Certa vez, quase nos perdemos numa neblina que surgiu de repente, e ele passou muita sede. Depois disso, ordenou que tivéssemos sempre água e comida a bordo, para o caso de algum acidente. Mandou construir uma pequena cabina, com uma mesa e espaço para dormir, e colocou uma bússola no barco.

   a) Qual destes instrumentos é uma bússola? Assinale.

   b) Por que o patrão árabe de Robinson Crusoé colocou uma bússola no barco? Para que serve a bússola?

7. Explique que estratégia Robinson Crusoé utilizou para pegar o barco e fugir.

   • Que providências ele tomou para tornar a fuga possível?

8. Converse com os colegas e o professor e depois responda às questões.
   a) Quem escreveu a história de Robinson Crusoé?

   b) Essa história foi escrita em 1719 e é lida por muitas pessoas até hoje. O que seria diferente se a história fosse criada/escrita hoje?

DE PALAVRA EM PALAVRA

1. Releia este trecho do texto **Ao mar** do livro **Robinson Crusoé**.

> No sexto dia, o vento parou e ficamos descansando numa **calmaria**. **Ninguém** parecia preocupado; o mestre deu ordem para baixar **âncora** não muito longe da costa.

a) Circule a sílaba tônica das palavras em destaque.

b) Qual é a posição da sílaba tônica nessas palavras?

- antepenúltima: _____.

- penúltima: _____.

- última: _____.

Vamos relembrar?
As palavras podem ser classificadas conforme a posição da sílaba tônica.

- **Oxítonas**: quando a sílaba tônica é a última.
Exemplos: nin**guém**, jaca**ré**.
- **Paroxítonas**: quando a sílaba tônica é a penúltima.
Exemplos: calma**ria**, **bo**te.
- **Proparoxítonas**: quando a sílaba tônica é a antepenúltima.
Exemplos: **bús**sola, **lâm**pada.

2. Você sabe o que estas imagens representam? Escreva o nome de cada uma delas.

_____   _____   _____

> Observe as palavras que você escreveu na atividade 2. Elas recebem na sílaba tônica um sinal gráfico chamado **acento**. O acento pode ser **agudo** (´) ou **circunflexo** (^).

3. Leia estes grupos de palavras. O que há em comum entre elas?

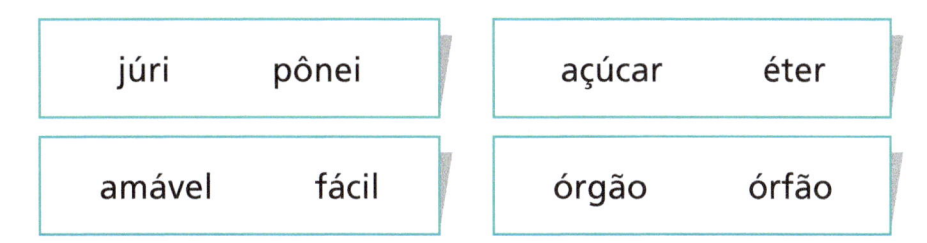

júri	pônei
amável	fácil

açúcar	éter
órgão	órfão

a) Como elas são classificadas quanto ao uso da sílaba tônica?

_____

b) Observe a terminação das palavras de cada grupo. A que conclusão é possível chegar quanto à acentuação dessas palavras? Converse com os colegas e o professor e escreva a conclusão.

_____

4. Siga as coordenadas e forme as palavras. Acentue-as se necessário. Consulte um dicionário para conferir.

	1	2	3	4	5
A	S	X	I	O	A
B	P	R	T	L	C
C	E	C	F	D	G

a) A1 + A4 + B3 + A5 + A4 ⟶ _____

b) B2 + C1 + B1 + B3 + A3 + B4 ⟶ _____

c) C4 + A3 + C3 + A3 + C2 + A3 + B4 ⟶ _____

d) B3 + A5 + A2 + A3 ⟶ _____

e) C2 + A5 + B2 + A5 + B3 + C1 + B2 ⟶ _____

• Você acentuou essas palavras? Justifique.

QUAL É A LETRA?

1. Você leu, na aventura de Robinson Crusoé, que ele nasceu na Inglaterra.

a) Um homem que nasce na Inglaterra é _____.

b) A mãe de Robinson Crusoé também nasceu na Inglaterra. Qual é a nacionalidade dela? _____.

2. Observe as bandeiras e leia o nome dos países correspondentes.

Dinamarca   Noruega   França

Irlanda   Holanda   Japão

a) Escreva no quadro o nome do país de origem e as nacionalidades correspondentes, como no modelo. Troque ideia com um colega.

País de origem	Nacionalidade (nome masculino)	Nacionalidade (nome feminino)
Portugal	português	portuguesa

b) Pensando na terminação das palavras que vocês escreveram, o que é possível concluir sobre a grafia desses nomes?

_____

_____

3. Releia este outro trecho do texto **Ao mar** e observe os termos destacados.

> Tornei-me escravo de um árabe muito **rico**. [...] Ele tinha um **belo** barco inglês, que usava para pescar no mar.

a) A que classe de palavras pertencem os termos destacados?

_____

b) Com o acréscimo da terminação **-eza**, que palavras são formadas?

_____

c) A que classe de palavras pertencem?

_____

4. Complete as frases com os adjetivos do quadro.

| triste | puro | pálida |

a) A derrota do meu time me deixou _____.

b) Com o susto, ela ficou _____ e quase desmaiou.

c) O suco de laranja é mais gostoso se for _____.

5. Transforme os adjetivos que você usou para completar as frases da atividade anterior em **substantivos**.

> **Atenção** Um deles recebe a terminação **-ez** em vez de **-eza**.

_____

6. Você conhece outros substantivos terminados em **-ez** ou **-eza**?
Reúna-se com um colega e, juntos, escrevam o maior número possível de substantivos com essas terminações.

_____

_____

MÃO NA MASSA!

Os textos que você leu nesta unidade são narrativas de aventura. Essas histórias relatam aventuras incríveis vividas por personagens nos mais diversos lugares.

O protagonista, ou personagem principal, enfrenta com coragem os obstáculos e desafios que aparecem.

1. Analise os textos **A flor tatuada** (páginas 10 a 12), **Ao mar** (páginas 22 e 23) e **Capturado por piratas** (páginas 23 a 25). Quais são as principais características dos protagonistas das aventuras narradas nesses textos? Assinale.

| persistente | desanimado | corajoso | fraco | sonhador |

| determinado | medroso | forte | audacioso |

2. Converse com os colegas e o professor sobre as questões a seguir.

a) Nessas narrativas, os protagonistas podem ser considerados heróis? Por quê?

b) Nessas histórias, os protagonistas enfrentam desafios? Descreva um desses desafios.

c) Onde se desenrolam as narrativas desses textos?

d) Quais dos lugares a seguir podem ser cenários de uma história cheia de aventuras? Justifique sua resposta.

| deserto | montanha | ilha | caverna | floresta | cidade |

3. Em geral, nas narrativas os verbos são empregados em que tempo verbal? Presente, passado (pretérito) ou futuro?

_____

• Justifique o emprego desse tempo verbal.

4. Grife nos textos lidos as expressões que marcam tempo no início dos parágrafos.

5. Reúna-se com um colega. Vocês vão escrever uma narrativa de aventura. Pensem nos seguintes elementos:

- Cenário principal: pode ser o mar ou a floresta. Imaginem os perigos que um desses lugares pode oferecer: tempestades, grandes ondas, ventos fortes, ataques de animais, falta de alimento, de água e de abrigo etc.
- Protagonista: um garoto ou uma garota, que também será o narrador da história.
- Época: a história deve se passar nos tempos atuais. Isso significa que a tecnologia pode ser um elemento que ajudará (ou não) o protagonista.

a) Planejem o que vão escrever. Leiam as questões a seguir e registrem as respostas em uma folha à parte.

- Qual será o título da história?
- Qual será a idade do protagonista?
- Quais serão suas principais características? Exemplos: curioso, cheio de imaginação, corajoso, persistente, determinado.
- Qual será a situação inicial? Como o protagonista irá chegar até o mar ou à floresta? Por que quer chegar até lá?
- Qual será seu principal desafio? A embarcação quebra e fica parada em alto-mar sem comunicação? Fica perdido na floresta? Enfrenta tempestades? É atacado por algum animal? Há alimento suficiente para todos?
- O que o protagonista vai fazer para vencer os desafios?
- Qual será o final dessa incrível aventura no mar ou na floresta?

b) Organizem a história em parágrafos. Cada parágrafo deve narrar um acontecimento, fazendo com que o leitor fique interessado e queira continuar a leitura para saber o que vai acontecer.

c) Vocês também precisam prestar atenção nos seguintes aspectos:

- Sinais de pontuação adequados.
- Marcadores de tempo para dar sequência aos fatos.
- Verbos, em sua maioria, no pretérito.
- Ortografia correta das palavras. Consultem o dicionário durante o trabalho.

6. Escrevam a história em uma folha à parte. Vocês vão ler a narrativa para os alunos do 3º ano depois que o professor revisar e vocês reescreverem o que for necessário. Mãos à obra!

DE OLHO NO TEXTO

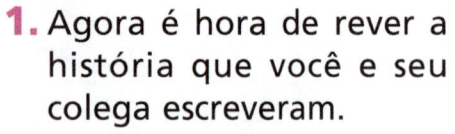

1. Agora é hora de rever a história que você e seu colega escreveram.

a) Um de vocês deve ler a história para o outro.

b) Vocês mudariam ou acrescentariam algo? O quê?

_____

_____

_____

2. Analisem estas questões e assinalem as respostas.

	Sim	Não
A história apresenta um título?		
Há descrições do local onde ocorre a ação?		
O protagonista é o narrador?		
O narrador descreve as ações vividas por ele?		
Os acontecimentos seguem uma sequência lógica?		
Há marcadores de tempo para dar sequência aos fatos?		
O leitor consegue perceber quanto tempo durou a aventura?		
Os verbos, em sua maioria, estão no pretérito?		
A história tem sentido?		
O texto está organizado em parágrafos?		
Os sinais de pontuação estão adequados?		
As palavras estão escritas corretamente?		
A história está adequada ao público-alvo?		

3. Após a revisão, digitem a história no computador usando um programa de edição de textos. Sigam as instruções.

- Selecionem o tipo, o tamanho e a cor da letra que vão usar.
- Depois de digitar o título da história e o nome dos autores, digitem o texto fazendo as modificações necessárias.
- Lembrem-se de dar recuo ao iniciar os parágrafos.
- Usem letras maiúsculas no início das frases e nos nomes próprios.
- Empreguem os sinais de pontuação.
- Salvem o documento durante a digitação do texto, e não somente no final.
- Peçam ajuda ao professor, caso não saibam usar algum desses recursos.

4. O professor fará a leitura e a correção dos textos. Em seguida, vocês vão fazer as correções apontadas.

- Abram o documento e corrijam o que for preciso.
- Salvem o documento.
- Procurem na internet uma imagem que possa ilustrar sua história.
- Copiem a imagem e colem na página do seu texto. Indiquem a fonte de onde copiaram a imagem.
- Salvem novamente o documento.

5. Que tal fazer um livro com as histórias que vocês escreveram?

a) Escolham coletivamente um título para o livro da classe.

b) Imprimam a história que vocês escreveram.

c) Combinem como será a capa do livro.
- Que ilustração será usada?
- Como o sumário será organizado?

d) Além do livro impresso, podem fazer uma versão digital. Combinem com o professor como os leitores terão acesso às histórias.

ORALIDADE EM AÇÃO

Leia a história de perseverança de uma nadadora que passou dois dias no mar!

MULHER DE 64 ANOS NADA DE CUBA À FLÓRIDA SEM PROTEÇÃO CONTRA TUBARÕES

Esta foi a quinta tentativa de Diana Nyad. Na 1ª, ela tinha apenas 28 anos. A americana nadou por dois dias para percorrer a distância.

Jorge Pontual
Nova York, EUA

Uma história de perseverança e superação: depois de quatro tentativas frustradas, uma americana conseguiu nadar de Cuba até a Flórida, nos Estados Unidos. Foram mais de dois dias no mar para realizar um antigo sonho.

Com a cara inchada depois de 53 horas no mar, Diana Nyad mal conseguia falar, mas fez questão de dar três mensagens: "Nunca desista. Ninguém é velho demais para realizar um sonho. Nadar parece um esporte solitário, mas exige equipe.".

Aos 64 anos, Diana não descansou até tornar realidade o sonho de ser a primeira pessoa a nadar de Cuba até a Flórida sem gaiola de proteção contra tubarões.

Foi a quinta tentativa. Nas anteriores, ela foi vencida pela exaustão. Na primeira, Diana tinha apenas 28 anos.

Na manhã de sábado (31), a nadadora mergulhou no mar em Havana. Acompanhada por uma equipe de 35 pessoas, não usou a proteção contra tubarões que ajudou dois outros nadadores a vencer o percurso. [...]

Para afastar os tubarões, a equipe empregou equipamentos que geram uma corrente elétrica fraca em torno da nadadora.

Nadadora americana Diana Nyad.

Diana usou uma máscara de silicone para defendê-la contra queimaduras das águas-vivas que infestam as águas. A máscara machucou a boca, mas ela não desistiu. Só parou para se alimentar, sem sair da água.

[...]

Mulher de 64 anos nada de Cuba à Flórida sem proteção contra tubarões. **G1 Bom dia Brasil**, 3 set. 2013. Disponível em: <http://g1.globo.com/bom-dia-brasil/noticia/2013/09/mulher-de-64-anos-nada-de-cuba-florida-sem-protecao-contra-tubaroes.html>. Acesso em: 10 set. 2017.

1. Converse com os colegas e o professor sobre os fatos apresentados na reportagem.
   - O que vocês acharam da história de Diana Nyad? Essa ação pode inspirar outras pessoas?

2. Que tal convidar alguém que viveu uma aventura a vir à escola e contar como foi? Decidam com o professor quem será o convidado e como será feito o convite.

3. Elaborem perguntas que poderão ser feitas ao convidado no dia da entrevista. Juntos, vocês vão selecioná-las e organizá-las na ordem em que serão feitas para o convidado.

Antes da entrevista
- É importante marcar data, horário e local da entrevista.
- Combine com o professor quem será o entrevistador. Pode ser mais de um aluno.
- O entrevistador precisa saber com antecedência quais são as perguntas que fará.

Durante a entrevista
- Se você for o entrevistador, tenha as perguntas em mãos e leia com clareza.
- Caso o entrevistado não entenda o que foi perguntado, você pode repetir a pergunta.
- É importante adequar a linguagem à situação de comunicação.
- Ouça com atenção e respeito as perguntas e as respostas.
- Se quiser esclarecer alguma dúvida, levante a mão e aguarde sua vez de falar.

FIQUE LIGADO

10 exploradores que mudaram o mundo, de Clive Gifford, FTD.
Você sabe o que um explorador é capaz de fazer? Leia o livro e conheça as mais diferentes aventuras vividas por dez homens que demonstraram muita coragem.

Viagens de Gulliver, de Jonathan Swift, adaptação de Lúcia Tulchinsky, Scipione.
Gulliver deixa a casa onde morava com seus familiares para conhecer novas terras. Um naufrágio do navio onde viajava lança o protagonista da história em fantásticas aventuras.

IDEIA PUXA IDEIA

Você conheceu grandes heróis das narrativas de ficção. Na vida real, há também pessoas que demonstram coragem e determinação, muitas vezes se arriscando em benefício de outras pessoas.

Leia uma notícia sobre uma verdadeira heroína.

Yusra Mardini é mais uma bela história do Rio-2016.

De heroína no Mar Egeu à piscina olímpica: conheça Yusra Mardini

Há um ano, ela foi notícia por salvar refugiados que tentavam cruzar o mar

Marcio Dolzan e Paulo Favero, **O Estado de S. Paulo**
12 Agosto 2016 | 05h00

A síria Yusra Mardini disputou duas provas da natação nos Jogos do Rio. Foi 41ª colocada nos 100 m borboleta e 45ª nos 100 m livre. Mesmo assim, deixa a Olimpíada com o mesmo *status* de quando começou: o de heroína. Há um ano, ela foi notícia no mundo todo quando ajudou a salvar 18 refugiados que tentavam cruzar o Mar Egeu, entre a Grécia e a Turquia, em um bote. O motor parou no meio da travessia, e apenas ela, a irmã e mais três pessoas sabiam nadar. Todos empurraram o barco até terra firme.

A história da garota de 18 anos ganhou ainda mais repercussão depois que ela foi escolhida para ser a porta-bandeira da delegação de refugiados que foi convidada pelo COI (Comitê Olímpico Internacional) a participar dos Jogos do Rio. Agora, apesar do desempenho fraco nas piscinas do Estádio Aquático, o que já era esperado, ela pretende voltar ainda mais forte para nadar na Olimpíada de Tóquio, em 2020.

"Muitas pessoas me mandaram mensagens sobre o que estão fazendo para ir em busca do seu sonho e dizendo que elas me têm como ídolo agora. Então fico realmente feliz e sei que tenho uma grande responsabilidade agora", afirmou a atleta, projetando novas braçadas. "Vou continuar nadando. Eu espero estar na próxima Olimpíada, mas não quero ser tão lenta na piscina como fui agora. Eu quero ganhar uma medalha, então preciso treinar forte."

Como qualquer outro atleta, Yusra Mardini conta que ficou muito nervosa pela expectativa de nadar contra os melhores do mundo e diante da torcida. "Eu fiquei realmente estressada. Eu pensei muito sobre essa prova e fiquei imaginando um monte de coisas, o que acabou me deixando com uma sensação ruim. Acho que era muita gente me observando para ver como eu iria nadar. Foi difícil", reconheceu.

Mal sabia ela que as pessoas não estavam ali para avaliar seu desempenho, mas para ver a menina que não só nadou em busca da liberdade como também nadou para salvar muita gente e servir de exemplo para o mundo. Na realidade, Yusra não percebeu que já tinha entrado na piscina com uma medalha de ouro.

De heroína no Mar Egeu à piscina olímpica: conheça Yusra Mardini. **O Estado de S. Paulo**, 12 ago. 2016. Disponível em: <https://pt.scribd.com/document/383749178/Conheca-Yusra-Mardini>. Acesso em: 15 set. 2017.

Converse com o professor e os colegas sobre as questões a seguir.

1. Quem é Yusra Mardini? Onde ela nasceu?

2. Por que Yusra é considerada uma heroína?
   - Em que ano ocorreu o fato que a transformou em heroína? Como você chegou a essa conclusão?

3. As pessoas que estavam no bote são consideradas refugiadas. O que significa ser um refugiado?

4. Yusra foi convidada pelo Comitê Olímpico Internacional a participar dos Jogos Olímpicos Rio 2016 como porta-bandeira da delegação de refugiados. Por que você acha que isso ocorreu?

5. Apesar do desempenho fraco de Yusra na Olimpíada, o texto se encerra assim:

   > Na realidade, Yusra não percebeu que já tinha entrado na piscina com uma medalha de ouro.

   - Explique essa afirmação.

6. Você conhece alguma outra pessoa que também superou grandes obstáculos e se tornou herói ou heroína? Conte para os colegas.

UNIDADE 2
UM OLHAR PARA A IMAGINAÇÃO

Alice: um chá maluco, de Su Blackwell.

Branca de Neve, de Su Blackwell.

Converse com os colegas e responda às questões.

1. Observe as esculturas criadas pela artista Su Blackwell. Que material ela usou para fazer essas esculturas? O que elas representam?

2. Pela observação das esculturas, você consegue imaginar quais são as histórias contadas nesses livros?

3. Se você fosse fazer uma escultura de papel parecida com as que viu, quais personagens você gostaria de criar? Por quê?

CAPÍTULO 1
PALAVRAS, SENTIDOS E SENSAÇÕES

- Você vai conhecer um poema intitulado **Alice no país da poesia**. O título faz você se lembrar de alguma história? Qual?

Leia o poema com atenção.

Alice no país da poesia

No país das maravilhas
havia mar e ilhas,
havia liras e rimas,
e no ar levitavam palavras
e dançavam sons em harmonia.

Alice descobriu com seu criador
que com palavras se brinca
de muitas maneiras.
E descobriu que tudo começa
com letras, que são desenhos
reproduzindo sons e sensações.

Sozinhas... pouco podem as letras...
Elas são como andorinhas
e gostam de se agrupar.
Agrupadas, formam palavras
que vêm e vão em livre voo,
em leve voo, em breve voo,
buscando outras palavras
para multiplicarem sons e sentidos.

Na fala mágica de Alice,
palavras e mais palavras se juntaram,
e brincaram e dançaram
e provocaram lágrimas, risos
e sensações emotivas e esquisitas.

E Alice um dia descobriu
que as palavras ficam mais saborosas
se jogadas numa página em branco.
Com elas, Alice inventou mais
brincadeiras.
Buscou traços, sentidos, laços, sons e
formas.
Escrevendo, Alice criou versos e estrofes,
e captou a poesia que há no ar, em tudo.

E da palavra maravilhas surgiram
no ar, além do mar e da ilha,
as maravilhas do verbo amar.

Aí Alice se encantou e se eternizou
e ainda canta e canta
e nos encanta...

Elias José. **Alice no país da poesia**.
São Paulo: Peirópolis, 2009. p. 7.

1. Escreva estas informações sobre o poema.

Título do poema: _____.

Nome do autor: _____.

Nome da obra que traz esse poema: _____
_____.

Número da página em que está o poema: _____.

Cidade e nome da editora que publicou o livro: _____.

Ano em que o livro foi publicado: _____.

2. Você já ouviu falar no escritor Elias José? Já leu algum livro de autoria dele? Qual ou quais?

3. Em sua opinião, para quem e por que Elias José escreveu o poema **Alice no país da poesia**?

4. O poema faz referência a uma história conhecida por crianças e adultos. Qual é?

_____
_____

5. De acordo com o poema, o que Alice descobriu a respeito das palavras?

_____
_____
_____

6. Leia este verbete de dicionário.

> *Saboroso* (sa-bo-ro-so) \ô\ **adj**. Se você diz que uma comida é **saborosa**, você acha que o gosto dela é bom. [sinôn.: *delicioso, gostoso*]
>
> **Dicionário Ilustrado Houaiss**. Rio de Janeiro: Objetiva, 2010. p. 397.

a) Agora, releia estes versos do poema e explique se a palavra **saborosas** tem o mesmo significado apresentado no verbete. Converse com os colegas e o professor.

> E Alice um dia descobriu
> que as palavras ficam mais saborosas
> se jogadas numa página em branco.

b) Qual destes significados é o mais adequado para a palavra **saborosas** no poema?

☐ Agradáveis, que proporcionam prazer.

☐ Engraçadas, divertidas, cômicas.

c) Você concorda com a ideia de que as palavras "ficam mais saborosas se jogadas numa página em branco"? Explique sua opinião.

7. Reúna-se com um colega e releiam em voz alta esta estrofe.

> E da palavra maravilhas surgiram
> no ar, além do mar e da ilha,
> as maravilhas do verbo amar.

a) Escrevam a palavra **maravilhas** em letra bastão, mantendo um espaço entre uma letra e outra.

_____

b) Quais palavras o poeta encontrou dentro da palavra **maravilha**?

_____
_____

c) Que outras palavras vocês conseguem formar com as letras que compõem essa palavra?

_____
_____
_____

DE PALAVRA EM PALAVRA

1. Releia esta estrofe do poema **Alice no país da poesia**.

> Sozinhas... pouco podem as letras...
> Elas são como andorinhas
> e gostam de se agrupar.
> Agrupadas, formam palavras
> que vêm e vão em livre voo,
> em leve voo, em breve voo,
> buscando outras palavras
> para multiplicarem sons e sentidos.

a) A que as letras são comparadas?

_____

b) Que palavra deixa clara essa comparação? _____

c) Qual é o elemento de semelhança entre as letras e as andorinhas?

d) E você, que comparação faria? Complete os versos com suas ideias.

Elas são como _____

e gostam de _____

- Explique aos colegas e ao professor a comparação que você fez.

> A **comparação** consiste em aproximar dois seres ou duas ideias por existir alguma semelhança entre eles.
> Exemplo: **Alice** é **linda** como uma **flor**.

2. Complete as frases fazendo uma comparação.

a) No campo, ela se sente livre como _____.

b) Na discussão, ela ficou brava como _____.

3. Escreva uma frase comparando estes dois termos: **gato** e **menino**.

_____

Leia estas frases.

As **letras** são como **andorinhas**.

As **letras** são **andorinhas**.

Na primeira frase, as letras são comparadas às andorinhas.

Na segunda frase, a comparação foi omitida e as letras passaram a ser andorinhas, deixando para o leitor atribuir sentido e compreender o que está implícito. Neste caso, temos uma **metáfora**.

4. Leia este poema.

Um poema bem-feitinho

Para Heloisa
Descobri que os pássaros
Banham-se no arco-íris.

Flores são beijos
Que germinam
Durante os sonhos.

Manhãs são esculpidas
Em pleno ar.

Chuvas
Ora são guizos
Ora sorrisos.

E não existe
Nenhuma diferença
Entre uma criança
E uma estrela-do-mar.

Lalau e Laurabeatriz. **Hipopótamo, batata frita, nariz**: tudo deixa um poeta feliz. São Paulo: DCL, 2009. p. 6.

a) Circule, na segunda estrofe, o verso que contém uma metáfora.

b) Reúna-se com um colega. Escrevam o verso do poema substituindo a metáfora por uma comparação.

_____

5. Classifique as expressões destacadas como comparação ou metáfora.

a) Os olhos de Alice brilham como estrelas. _____

b) Suas mãos estão frias como gelo. _____

c) Minha filha é uma joia rara. _____

d) Ele é um papagaio! Fala sem parar! _____

47

QUAL É A LETRA?

1. Leia em voz alta as palavras do quadro.

| imaginação | relógio | surgir | majestade | juntar | jovem |
| página | jacaré | coruja | garagem | gente | mágica |

a) O que se pode perceber em relação ao som representado pelas letras **g** e **j**?

_____

b) Complete as colunas com as palavras do quadro.

Palavras com j	Palavras com g

2. Observe agora as palavras deste outro quadro.

| gaivota | ganso | agora | geração | gengiva | guri |
| gêmeo | gibi | galho | gota | girassol | gude |

a) Circule as palavras em que a letra **g** representa o mesmo som da letra **j** e observe as letras que seguem o **g**. O que essas palavras têm em comum?

_____

_____

b) Reúna-se com um colega. Completem a frase com base na atividade anterior.

A letra **g** seguida de ____ ou ____ representa o mesmo som da letra ____ .

48

3. Vamos jogar? Você e os colegas terão um tempo determinado para escrever, em uma folha à parte, palavras com **g** representando o mesmo som da letra **j**.

> **Atenção** Cada palavra escrita corretamente vale um ponto; na dúvida, consulte o dicionário. Vence o jogo quem escrever corretamente o maior número de palavras.

4. Complete as frases com as letras **g** ou **j**. Na dúvida, consulte o dicionário.

   a) _____oel faz aniversário em _____unho ou _____ulho? Vou consultar minha a_____enda.

   b) _____eraldo comprou um _____egue para a_____udá-lo na fazenda.

   c) _____ilberto, leia a le_____enda para entender o mapa.

   d) Durante toda a via_____em de _____ipe ele _____emeu de dor no _____oelho.

   e) As _____oaninhas podem ser avistadas em meio à folha_____em do _____ardim.

   f) A _____iboia é uma das maiores cobras do Brasil.

5. Converse com um colega para descobrir que frutas são estas das fotografias. Escrevam o nome das frutas e o nome das árvores que as produzem.

6. Em uma folha à parte, monte um diagrama com palavras escritas com **g** e **j** representando o mesmo som.

   • Troque de folha com um colega. Cada um deverá encontrar as palavras que o outro escreveu no diagrama.

49

REDE DE LEITURA

Leia esta reportagem publicada no caderno Folhinha do jornal **Folha de S.Paulo**.

"ALICE NO PAÍS DAS MARAVILHAS" FAZ 150 ANOS; VOCÊ CONHECE A HISTÓRIA DO LIVRO?

De São Paulo 04/07/2015 06h00

Foi em 4 de julho de 1862, quando Charles Lutwidge Dodgson, um reverendo e professor de matemática de Oxford, e um amigo levaram as três irmãs Liddell para um passeio de barco pelo rio Tâmisa.

"Conte uma história, sr. Dodgson", as meninas devem ter pedido ao professor, que atendeu prontamente. Ali nasceu a história da pequena Alice, que se enfia em uma toca de coelho, cresce, encolhe e encontra várias personagens estranhas em um mundo de fantasia.

Ao final da narrativa, Alice Liddell, que inspirou a heroína Alice, pediu ao reverendo que escrevesse a história. Dois anos depois, o manuscrito intitulado "Aventuras de Alice Embaixo da Terra", ilustrado por Dodgson, foi entregue à garota.

Depois, um autor escocês chamado George MacDonald leu a aventura para seus filhos. O mais novo gostou tanto que desejou que existissem 60 mil volumes dela.

Incentivado por MacDonald e outros amigos, Dodgson, mais conhecido por seu pseudônimo Lewis Carroll, adicionou passagens à história e pediu a John Tenniel, um dos melhores ilustradores da época, que refizesse os desenhos.

Assim, em 4 de julho de 1865 (há exatos 150 anos!) foi publicado o livro que se tornaria um marco da literatura infantil: "Alice no País das Maravilhas".

Alguns anos depois, Carroll publicou a continuação da história, "Através do Espelho e o Que Alice Encontrou Por Lá".

Desde então, as aventuras da garota foram adaptadas para o teatro e cinema. [...]

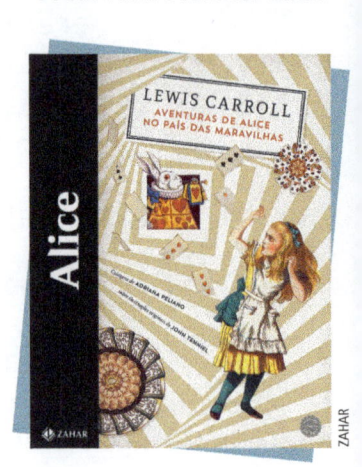

Capa da edição comemorativa de 150 anos de **Alice**, lançada pela editora Zahar em 2015.

Pseudônimo: nome inventado por um escritor ou artista para assinar suas obras.

Reverendo: nome com que se designa padre ou sacerdote em algumas religiões.

"Alice no País das Maravilhas" faz 150 anos; você conhece a história do livro? **Folha de S.Paulo**, Folhinha, 4 jul. 2015. Disponível em: <http://www1.folha.uol.com.br/folhinha/2015/07/1651223-alice-no-pais-das-maravilhas-faz-150-anos-voce-conhece-a-historia-do-livro.shtml>. Acesso em: 10 set. 2017.

1. Qual é o assunto do texto que você leu?

   _____

   _____

2. Por que esse assunto foi publicado recentemente em um jornal, já que a história **Alice no País das Maravilhas** existe há mais de 150 anos? Converse com os colegas e o professor.

3. Segundo o texto, as histórias de Alice estão apenas nos livros de Lewis Carroll? Explique.

   _____

   _____

   _____

4. Releia esta estrofe do poema **Alice no país da poesia**, de Elias José.

   > Aí Alice se encantou e se eternizou
   > e ainda canta e canta
   > e nos encanta...

   - Que palavras desses versos mostram que as histórias de Alice continuam sendo lidas e encantando as pessoas nos dias de hoje?

     _____

5. Qual é a diferença entre o poema **Alice no país da poesia** e a reportagem **"Alice no País das Maravilhas" faz 150 anos**? Os dois textos têm a mesma finalidade? Antes de responder, troque ideia com um colega.

   _____

   _____

   _____

   _____

   _____

POEMAS CÔMICOS

Você já leu poemas absurdos e bem-humorados? Sabe que poemas são esses?

Esse tipo de poema começou com o pintor e escritor inglês Edward Lear (1812-1888), contemporâneo de Lewis Carroll.

1. Leia estes dois poemas de Lear.

> Havia um velho senhor lá de Patos
> que comprou um novo par de sapatos;
> ao perguntarem: "São confortáveis?",
> respondeu: "Não, tão desagradáveis!"
> aquele confuso senhor de Patos.

Edward Lear. **Adeus, ponta do meu nariz!** Seleção e tradução de Marcos Maffei. São Paulo: Hedras, 2002, p. 54.

> Havia um velho senhor em Trancoso
> de comportamento bem curioso;
> sempre que podia
> na mesa dormia
> esse engraçado senhor de Trancoso.

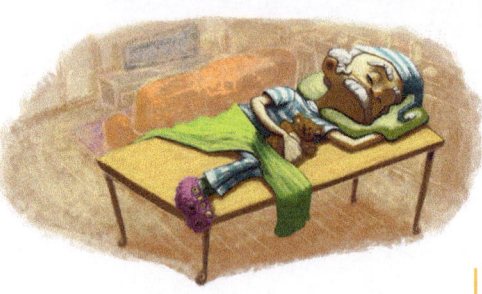

Edward Lear. **Adeus, ponta do meu nariz!** Seleção e tradução de Marcos Maffei. São Paulo: Hedras, 2002, p. 13.

a) O que você achou dos poemas? O que contam?

b) Quantos versos há em cada poema?

c) Circule com a mesma cor as palavras que rimam entre si nos poemas.

d) Comparando os dois poemas, as rimas estão sempre nos mesmos versos? Em quais?

_____

_____

> Os poemas que você leu são chamados de **limeriques**. Geralmente, apresentam assuntos engraçados, bem-humorados. São compostos de cinco versos, com rimas no 1º, 2º e 5º versos e outras rimas no 3º e 4º versos.

2. Leia agora estes outros poemas e circule as rimas.

Jeito de correr

Inventei um jeito
De correr veloz,
De correr voraz,
Tão rápido, tão rápido
Que às vezes me ultrapasso
E me deixo para trás.

Sérgio Capparelli. **111 poemas para crianças**. Porto Alegre: L&PM, 2007. p. 84.

Um saco com pé de feijão
E um pé de laranja na mão
— laranja da lima —
Nos levam pra cima
Com Zé, o Zezé e o João

Viviane Veiga Távora. **Pé de limerique**. São Paulo: Panda Books, 2013. p. 8.

- Qual desses poemas é um limerique? Justifique sua escolha.

3. Que tal você e um colega criarem um limerique absurdo e divertido para apresentar à classe? Vocês podem, por exemplo, contar em forma de limerique algum fato divertido que aconteceu na escola ou na sala.
- Usem uma folha à parte.
- Lembrem-se dos versos que precisam conter as rimas.
- Compartilhem as criações. Os limeriques podem ser expostos no mural da classe.

CAPÍTULO 2
HISTÓRIAS EM POEMAS

- Você acha que um poema pode também contar uma história? Como?

Leia este poema. Descubra se ele conta alguma história e qual é ela.

A avó

A avó, que tem oitenta anos,
Está tão fraca e velhinha!...
Teve tantos desenganos!
Ficou branquinha, branquinha,
Com os desgostos humanos.

Hoje, na sua cadeira,
Repousa, pálida e fria,
Depois de tanta canseira:
E cochila todo o dia,
E cochila a noite inteira.

Às vezes, porém, o bando
Dos netos invade a sala...
Entram rindo e papagueando:
Este briga, aquele fala,
Aquele dança, pulando...

A velha acorda sorrindo.
E a alegria a transfigura;
Seu rosto fica mais lindo,
Vendo tanta travessura,
E tanto barulho ouvindo.

Chama os netos adorados,
Beija-os, e, tremulamente,
Passa os dedos engelhados,
Lentamente, lentamente,
Por seus cabelos doirados.

Fica mais moça, e palpita,
E recupera a memória,
Quando um dos netinhos grita:
"Ó vovó! conte uma história!
Conte uma história bonita!"

Então, com frases pausadas,
Conta histórias de quimeras,
Em que há palácios de fadas,
E feiticeiras, e feras,
E princesas encantadas...

E os netinhos estremecem,
Os contos acompanhando,
E as travessuras esquecem,
Até que, a fronte inclinando
Sobre o seu colo, adormecem...

Engelhado: enrugado.
Fronte: rosto.

Olavo Bilac (domínio público).

1. O que caracteriza como poema o texto que você leu?

_____

2. Qual é o assunto principal tratado no poema?

_____

• Na sua opinião, o título antecipa o tema do poema? Por quê?

3. Grife os pares de palavras que rimam no poema.

4. Releia a primeira estrofe do poema.

> A avó, que tem oitenta anos,
> Está tão fraca e velhinha!...
> Teve tantos desenganos!
> Ficou branquinha, branquinha,
> Com os desgostos humanos.

a) Que palavras indicam que a avó sofreu no passado?

b) Qual foi a consequência desse sofrimento?

5. As duas primeiras estrofes mostram uma avó desanimada, que cochila o tempo todo. O que faz com que ela se anime?

_____

6. Qual é o pedido que um dos netos faz para a avó? Circule no texto.

7. Você sabe o que são histórias de quimeras?

DE PALAVRA EM PALAVRA

1. Leia esta frase e assinale o par de palavras que poderiam substituir as palavras destacadas por terem significados semelhantes.

> A velhinha está **fraca** e **pálida**.

☐ frágil/descorada   ☐ magra/rosada   ☐ animada/brilhante

2. Você sabe como se chamam as palavras que têm significados semelhantes?

3. Qual o significado das palavras **sinônimo** e **antônimo**? Junte-se a um colega e levantem uma hipótese. Depois, consultem o dicionário.
- Escreva o que vocês descobriram.

_____
_____
_____

4. Assinale a alternativa que traz os sinônimos das palavras destacadas nestes versos.

> A velha **acorda** sorrindo.
> E a alegria a transfigura;
> Seu rosto fica mais lindo,
> Vendo tanta **travessura**,
> E tanto **barulho** ouvindo.

☐ desperta/traquinagem/ruído   ☐ dorme/animação/som

☐ amanhece/brincadeira/silêncio

5. Leia estas palavras e pinte da mesma cor os pares que são sinônimos.

> alegria   tristeza   saboroso   apetitoso
> contentamento   favorável   desgosto   conveniente

6. Qual é a importância de utilizar sinônimos ao escrever um texto?

56

7. Como ficariam estes versos se as palavras destacadas fossem substituídas por antônimos?

E a alegria a transfigura; _____

Seu rosto fica mais lindo, _____

8. Observe a cruzadinha. Você vai escrever as pistas correspondentes a cada palavra.

```
        1
        A
        P
        R
    2   E
    E 3 S C U R O
    S   S
    Q   S
    U   A
    E   D
5 C O R R E T O
    D
    6 A N T I P Á T I C O
```

4. L O N G

1. Sinônimo de _____.

2. Antônimo de _____.

3. Antônimo de _____.

4. Sinônimo de _____.

5. Sinônimo de _____.

6. Antônimo de _____.

QUAL É A LETRA?

1. Desembaralhe as letras de cada quadro e descubra as palavras.

OCHIORES   HMASRAVLOIA   SDOALMAS

- Complete as frases com as palavras que você descobriu.

a) A paisagem vista daqui do alto é _____.

b) Às vezes as pessoas têm atitudes _____ em relação às outras.

c) As flores exalam perfumes que deixam o lugar _____.

2. As palavras que completam as frases da atividade 1 são:

☐ substantivos.   ☐ adjetivos.   ☐ verbos.

- Essas palavras originam-se de substantivos. Retire as terminações **-oso** e **-osa** e descubra esses substantivos.

_____

3. Forme adjetivos no masculino e no feminino a partir destes substantivos.

fama → _____

poder → _____

escândalo → _____

mistério → _____

ambição → _____

leite → _____

4. Com base nas palavras das atividades anteriores, complete as informações para registrar como são formados os adjetivos a partir de...

a) Substantivos terminados em **-r**: _____

_____

b) Substantivos terminados em **-e**: _____

_____

c) Substantivos terminados em **-o**: _____

_____

d) Substantivos terminados em **-dade**: _____

_____

e) Substantivos terminados em **-a**: _____

_____

f) Substantivos terminados em **-ção**: _____

_____

5. Vamos fazer um jogo com palavras? Siga as instruções.

- Reúna-se com três colegas. Escrevam em cartões seis substantivos que podem formar adjetivos terminados em **-oso** ou **-osa**.
- Escrevam em outros cartões quatro adjetivos a partir de substantivos. Não vale repetir palavras.
- Coloquem os cartões em um saquinho.
- O outro grupo vai retirar um cartão e ler a palavra. Se retirar um substantivo, deve falar o adjetivo formado a partir dele. Se retirar um adjetivo, deve falar o substantivo que deu origem ao adjetivo.
- Cada resposta certa vale três pontos para o grupo.
- No final, o grupo deve escrever duas frases: uma com um dos adjetivos e outra com um dos substantivos.
- Com a ajuda do professor, o grupo adversário vai verificar se as frases estão corretas. Cada frase correta vale quatro pontos.

MÃO NA MASSA!

Os poemas que você leu despertaram sentimentos e novas sensações? O que caracteriza os poemas lidos?

Você sabia que as estrofes são classificadas de acordo com o número de versos?

Por exemplo: **terceto** é uma estrofe com **três versos**; **quadra** ou **quarteto** é uma estrofe com **quatro versos**; **quintilha** é uma estrofe com **cinco versos**; e a **sextilha** tem **seis versos**.

O poeta tem a liberdade de decidir o número de versos e estrofes do seu poema. No entanto, há alguns estilos de poemas em que a quantidade de versos não pode ser alterada, como é o caso dos **limeriques**.

O poeta escolhe e combina as palavras para mostrar ritmo e melodia.

Os sinais de pontuação ajudam na leitura e na interpretação do poema. No entanto, dependendo do efeito que se quer dar ao texto, alguns poemas são escritos sem os sinais de pontuação.

1. Agora você é o poeta! Em uma folha à parte, conte uma história em forma de poema com, pelo menos, cinco estrofes de quatro versos cada uma. Escolha um destes temas:

   - Um passeio ou uma viagem.
   - Amizade.
   - Saudade.
   - Tristeza.
   - Competição esportiva.
   - Lembranças.

2. Antes de escrever, planeje seu poema que será lido pelos alunos da escola.

- Organize as ideias sobre o tema escolhido.
- Escolha com cuidado as palavras que vão transmitir seus sentimentos sobre o assunto.
- Pense em sinônimos e antônimos que traduzam o que você quer contar.
- Separe as ideias em estrofes e escolha as rimas para os versos.
- Pense se é necessário utilizar pontuação.
- Dê um título que chame a atenção do leitor.

DE OLHO NO TEXTO

1. Leia este poema.

Como quiser

Colabore
na elaboração
de um sonho.
Sonhabore
como quiser.
Todo calor
    Sabor
       dissabor
sonhabore até.

Paulo Netho. **Bichinho de chuva e outras miudezas**. São Paulo: Peirópolis, 2011. p. 32.

a) O que você entendeu ao ler o poema?

b) Na sua opinião, sonhar e imaginar ajudam a escrever? Como?

2. Faça uma análise do poema que você escreveu de acordo com os itens.

	Sim	Não
Você escreveu o número pedido de versos e estrofes?		
O poema apresenta rimas?		
As palavras estão escritas corretamente?		
A pontuação colabora para a leitura?		
Escreveu um título para o poema?		

3. Troque de poema com um colega. Avalie o texto dele e escreva um bilhete com sugestões sobre o que deve melhorar.

4. Verifique os comentários do professor e do colega e refaça o que for necessário para editar e publicar seu poema.

ORALIDADE EM AÇÃO

1. Reúna-se com três colegas para fazer uma pesquisa sobre poetas brasileiros. Cada grupo será responsável por um destes poetas.

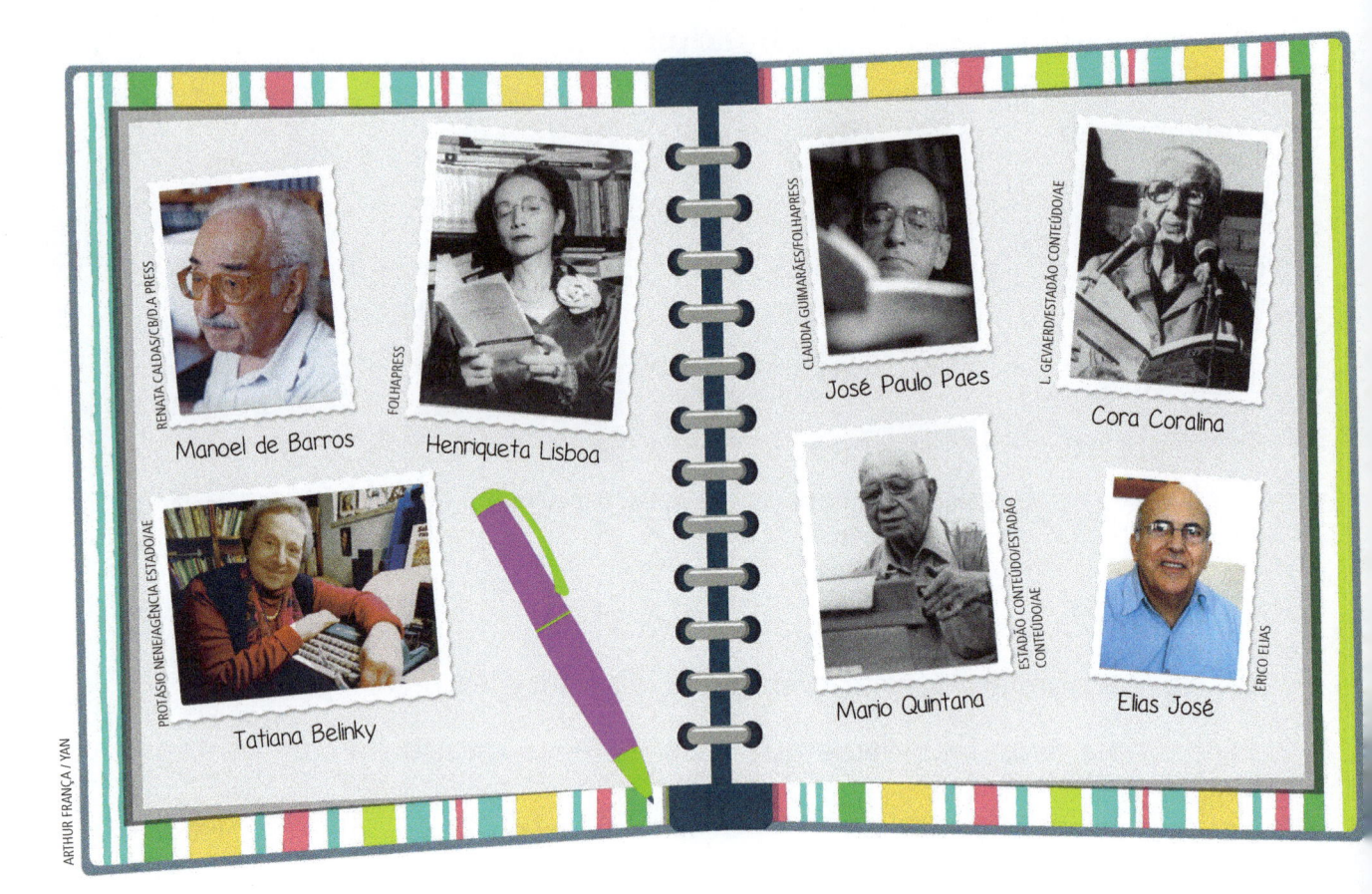

- Manoel de Barros
- Henriqueta Lisboa
- José Paulo Paes
- Cora Coralina
- Tatiana Belinky
- Mario Quintana
- Elias José

2. Leiam as orientações para a pesquisa.

Tópicos a serem pesquisados
- Onde e quando nasceu.
- Como começou a escrever poemas.
- Suas obras mais conhecidas.
- Sua importância no cenário da literatura brasileira.

3. Após a pesquisa façam uma visita à biblioteca da escola e escolham um livro desse poeta para ler.

   a) Escolham o poema de que mais gostaram.

   b) Preparem-se para contar o que chamou a atenção de vocês sobre o poeta e justificar a escolha do poema.

4. Reúnam as informações e escrevam, em uma folha à parte, um texto para ser apresentado aos colegas e ao professor. Sigam as instruções.

Apresentação da pesquisa

- Apresentem a pesquisa olhando para a classe e observem se todos estão atentos ou têm alguma curiosidade sobre o poeta.
- Apresentem o nome do poeta.
- Cada componente do grupo irá falar sobre um aspecto da vida do poeta.
- Apresentem a capa do livro escolhido em que foi publicado o poema, falem o título do livro, a editora que o publicou e o nome do ilustrador, se houver.
- Declamem em conjunto o poema escolhido.
- Contem por que escolheram esse poema para representar o poeta.
- É importante adequar a linguagem à situação de comunicação proposta.

5. Organizem uma roda para comentar o que aprenderam.

Comentando a apresentação

- Todos do seu grupo colaboraram durante as apresentações?
- Vocês ouviram com atenção as apresentações dos outros grupos?
- Fizeram perguntas?
- Respeitaram os colegas?
- Vocês conheciam todos os poetas citados?
- Por que gostaram desse poeta?
- Qual foi a apresentação mais interessante?
- O que a apresentação tinha de diferente que a tornou mais interessante?
- Algum grupo se destacou ao declamar o poema?
- Por que esse grupo se destacou?
- Vocês utilizaram uma linguagem mais formal ou informal? Por quê?

6. Exponham o trabalho escrito e o poema no mural da sala de aula.

FIQUE LIGADO

Lili inventa o mundo, de Mario Quintana, Global.
Neste livro, Lili reinventa, em forma de poesia, as coisas simples, os pequenos acontecimentos do cotidiano, a natureza, as pessoas, os animais.

Memórias inventadas para crianças, de Manoel de Barros, Planeta do Brasil.
Quando crescer, você vai se lembrar das pequenas coisas que faziam parte da sua infância? Os poemas do autor nos mostram como é bela a simplicidade do dia a dia.

IDEIA PUXA IDEIA

1. Leia este poema de Mario Quintana. Por que será que a família é desencontrada?

Família desencontrada

O Verão é um senhor gordo, sentado na varanda, suando em bicas [...]

O Outono é um tio solteirão que mora lá em cima no sótão e a toda hora protesta aos gritos: "que barulho é este na escada?!"

O Inverno é o vovozinho trêmulo, com a boina enterrada até os olhos, a manta enrolada nos queixos e sempre resmungando: "eu não passo deste agosto, eu não passo deste agosto..."

a) Circule no poema as metáforas usadas para caracterizar as estações do ano.

b) Por que o poeta usa inicial maiúscula para se referir às estações do ano?

_____

c) Na sua opinião, existe relação entre as metáforas e a característica de cada estação do ano?

64

A Primavera, em contrapartida
— é ela quem salva a honra da família! —
é uma menininha pulando na corda cabelos ao vento
pulando e cantando debaixo da chuva
curtindo o frescor da chuva que desce do céu
o cheiro da terra que sobe do chão
o tapa do vento cara molhada!

Oh! a alegria do vento desgrenhando as árvores
revirando os pobres guarda-chuvas
erguendo saias!
A alegria da chuva a cantar nas vidraças
sob as vaias do vento...

Enquanto
— desafiando o vento, a chuva, desafiando tudo —
    no meio da praça a menininha canta
        a alegria da vida
        a alegria da vida!

Mario Quintana. Família desencontrada. Em: **Poesia fora da estante**. Organização de Vera Aguiar. Porto Alegre: Projeto, 2006. p. 75.

2. Observe estas obras de arte do artista brasileiro Quim Alcantara sobre duas estações do ano. Perceba que o nome das obras não aparece nas legendas.

Quim Alcantara, 2012. Acrílico sobre papel, 30 cm × 20 cm. Coleção particular.

Quim Alcantara, 2012. Acrílico sobre papel, 30 cm × 20 cm. Coleção particular.

a) Analise as cores e os formatos de cada uma e diga a quais estações do ano elas se referem. Converse com os colegas e o professor.

b) Em sua opinião, é possível estabelecer relação com as obras e o poema **Família desencontrada**?

3. Leia com um colega o texto a seguir.

Movimentos da Terra

Pode parecer mesmo que a Terra não sai do lugar, pois não sentimos seus movimentos. A verdade é que ela gira em torno de si mesma e também em torno do Sol.

Dizer que a Terra gira em torno de si mesma é imaginar que ela gira em torno de seu eixo.

O movimento em torno do Sol chama-se **translação**. A Terra leva 365 dias, ou seja, um ano, para dar uma volta completa em torno do Sol.

Durante o período da translação, ocorrem as estações do ano (primavera, verão, outono e inverno). Elas acontecem porque o eixo da Terra não está bem na vertical, mas um pouco inclinado (como um pião girando inclinado).

Assim, dependendo da época do ano, uma parte da Terra recebe a luz do Sol mais diretamente do que a outra. Quando é verão no Brasil, por exemplo, é porque o Hemisfério Sul está recebendo mais luz e calor. Enquanto isso, no Hemisfério Norte será inverno.

A volta que a Terra dá em torno do Sol dura um pouquinho mais do que 365 dias: 365,256 dias. É por isso que a cada quatro anos, para compensar esse "pouquinho a mais", temos um ano chamado bissexto, que dura 366 dias.

Rosane Pamplona. **Almanaque dos astros**. São Paulo: Moderna, 2016. p. 63.

- Expliquem a relação desse texto com o poema **Família desencontrada**.

_____
_____
_____

4. As estações do ano ocorrem na mesma época no mundo todo? Explique.

_____
_____
_____

5. Uma determinada estação do ano apresenta as mesmas características em todo o Brasil? Converse com os colegas e o professor.

6. Um jornal de um município do estado de São Paulo realizou uma enquete entre seus leitores para saber qual estação do ano eles preferem.

O resultado da enquete está representado neste gráfico. Observe e responda às questões a seguir.

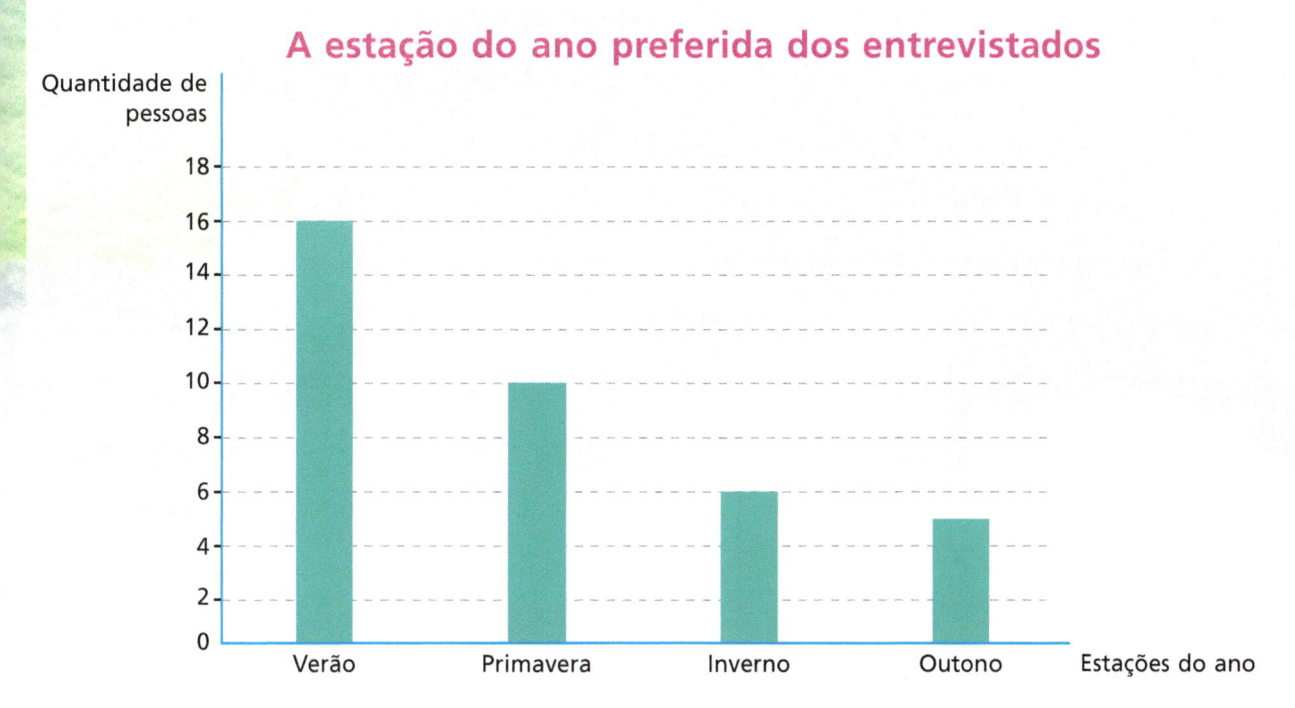

A estação do ano preferida dos entrevistados

Quantidade de pessoas:
- Verão: 16
- Primavera: 10
- Inverno: 6
- Outono: 5

Gráfico elaborado com base na enquete "Você prefere qual estação do ano?" publicada em A Folha de João Ramalho. Disponível em: <https://coisadecrianca.wordpress.com/2018/07/12/que-tal-fazer-fazer-do-inverno-um-verao/>. Acesso em: 16 nov. 2017.

a) Quantas pessoas foram entrevistadas? Como você chegou à resposta?

b) Qual estação do ano recebeu mais votos?

c) Qual recebeu menos votos?

7. Que tal fazer uma enquete para saber que estação do ano seus colegas preferem e por quê? Siga as orientações do professor.

67

UNIDADE 3
HISTÓRIAS DE QUEM FAZ HISTÓRIA

Ada Rogato no aeroporto São João, em Porto Alegre (1951).

Marta Vieira da Silva durante as Olimpíadas do Rio 2016.

Eduardo Kobra (2016).

Converse com os colegas e responda às questões.

1. Você já ouviu falar dessas pessoas? Tente descobrir o que cada uma delas faz e diga que elementos você analisou para chegar a uma conclusão.

2. Você considera que essas pessoas realizaram algo importante? Por quê?

3. Será que alguém já contou a história delas?

CAPÍTULO 1

UM ESCRITOR MUITO CONHECIDO

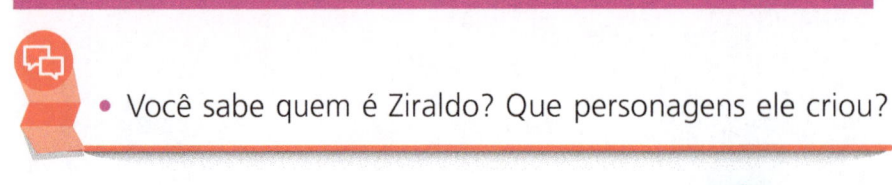

- Você sabe quem é Ziraldo? Que personagens ele criou?

Leia este texto com atenção.

Ziraldo: a biografia

Ziraldo Alves Pinto nasceu em 24 de outubro de 1932 em Caratinga, Minas Gerais. É o filho mais velho de uma família de sete irmãos.

Seu nome vem da combinação do nome de sua mãe Zizinha com o de seu pai Geraldo: assim surgiu o Ziraldo, um nome único.

Passou a infância em Caratinga, onde cursou o Grupo Escolar Princesa Isabel. Em 1949 foi com o avô para o Rio de Janeiro, onde cursou dois anos no MABE (Moderna Associação de Ensino). [...] Formou-se em Direito na Faculdade de Direito de Minas Gerais em Belo Horizonte, em 1957.

No ano seguinte casou-se com D. Vilma, após sete anos de namoro. O casal tem três filhos, Daniela, Fabrizia e Antônio, e quatro netos.

Ziraldo tem paixão pelo desenho desde a mais tenra idade. Desenhava em todos os lugares — na calçada, nas paredes, na sala de aula... Outra de suas paixões desde a infância é a leitura. Lia tudo que lhe caía nas mãos: Monteiro Lobato, Viriato Correa, Clemente Luz (O mágico), e todas as revistas em quadrinhos da época. Já nesse momento, ao ler as páginas do primeiro "Gibi", sentiu que ali estava o seu futuro.

A carreira de Ziraldo começou na revista *Era Uma Vez...* com colaborações mensais. Em 1954 começa a trabalhar no jornal *A Folha de Minas* com uma página de humor. Por coincidência foi esse mesmo jornal que publicou o seu primeiro desenho em 1939, quando tinha apenas seis anos de idade!

[...]

Ziraldo fez cartazes para inúmeros filmes do cinema brasileiro como Os Fuzis, Os Cafajestes, Selva Trágica, Os Mendigos etc. Foi no Rio de Janeiro que Ziraldo se consagrou como um dos artistas gráficos mais conhecidos e respeitados nacional e internacionalmente. [...]

É um artista que tem ao longo dos anos desenvolvido várias facetas de seu talento. Ziraldo é também pintor, cartazista, jornalista, teatrólogo, chargista, caricaturista e escritor.

No decorrer dos anos 60 seus cartuns e charges políticas começaram a aparecer na revista O Cruzeiro e no Jornal do Brasil. Personagens como Jeremias, o Bom, a Supermãe e posteriormente o Mineirinho tornaram-se popularíssimas.

É igualmente no início da década de 60 que realizou seu sonho infantil: transformou-se num autor de comics e lançou a primeira revista brasileira do gênero feito por um só autor, reunindo uma turma chefiada pelo Saci Pererê, figura mais importante do imaginário brasileiro. Os personagens dessa turma incluíam um pequeno índio e vários animais formadores do universo folclórico brasileiro, tais como a onça, o jabuti, o tatu, o coelho e a coruja. A Turma do Pererê marcou época na história dos quadrinhos no Brasil. [...]

Em 1980 Ziraldo recebeu sua maior consagração como autor infantil na Bienal do Livro de São Paulo, com o lançamento de O Menino Maluquinho. O livro se transformou no maior sucesso editorial da Feira e ganhou o Prêmio Jabuti da Câmara Brasileira do Livro em São Paulo. Esse livro foi adaptado para o teatro, cinema, WWW, e em ópera infantil pelo Maestro Ernani Aguiar. O Menino Maluquinho virou um verdadeiro símbolo do Menino Nacional. [...]

Ziraldo: a biografia. Disponível em: <www.ziraldo.com/historia/biograf.htm>. Acesso em: 27 set. 2017.

1. Quando e onde Ziraldo nasceu?

_____

_____

• Qual é a origem do seu nome?

_____

_____

2. Quando e com quem Ziraldo se casou?

_____

_____

3. O que Ziraldo gostava de fazer na infância?

_____

Casamento de Ziraldo.

4. Que idade tinha Ziraldo quando seu primeiro desenho foi publicado em um jornal?

_____

5. Na década de 1960, seus cartuns e charges políticas começaram a ser publicados. Você sabe qual é o significado de **cartum** e de **charge**?

6. Reúna-se com um colega. Expliquem o sentido da expressão destacada nesta frase:

> Ziraldo tem paixão pelo desenho desde a mais **tenra idade**.

_____

_____

7. Ziraldo, ao longo dos anos, desenvolveu suas habilidades e, assim, passou a exercer muitas atividades. Quais são elas?

_____

_____

- Quais dessas atividades você conhece? Conte aos colegas e ao professor.

8. Releia o título dado ao texto – **Ziraldo: a biografia**. Converse com os colegas e o professor.

   a) O que é uma biografia?
   b) Qual é a função desse texto?
   c) Quem seria o leitor de biografias?

9. Releia este trecho da biografia de Ziraldo. Repare que ele apresenta verbos no presente (É, vem) e no pretérito (nasceu, surgiu).

> Ziraldo Alves Pinto **nasceu** em Caratinga, Minas Gerais. **É** o filho mais velho de uma família de sete irmãos.
> Seu nome **vem** da combinação do nome de sua mãe Zizinha com o de seu pai Geraldo: assim **surgiu** o Ziraldo, um nome único.

- Na sua opinião, por que foram usados esses tempos verbais?

73

PALAVRAS NO DICIONÁRIO

1. Você sabe o que significa **caricatura**? Leia este verbete.

> **caricatura** (ca.ri.ca.tu.ra) *sf.* **1.** Desenho que, pelo traço ou pelos detalhes, acentua ou revela aspectos caricatos de pessoa ou fato. **2.** Reprodução deformada de algo.
>
> FERREIRA, Aurélio Buarque de Holanda. **Míni Aurélio**. 8 ed. Curitiba: Positivo, 2010. p. 141.

- Qual desses significados se relaciona com a atividade de cartunista exercida por Ziraldo?

_____

2. Observe as imagens e assinale qual delas é uma caricatura.

- Troque ideia com o colega. Quais elementos você analisou para responder?

3. Reúna-se com um colega e consultem o dicionário para responder a estas questões.

   a) O que faz um teatrólogo?

   _____

   _____

   b) O que significa cartazista?

   _____

   _____

   c) Procurem o significado das palavras **autobiografia** e **biografia**.

   _____

   _____

   _____

   _____

4. Por que o texto sobre Ziraldo é uma biografia e não uma autobiografia?

   _____

   _____

5. Escreva uma definição para a palavra **biógrafo**.

   _____

   _____

6. Na sua opinião, o biógrafo precisa pesquisar sobre a vida da pessoa a respeito de quem ele vai escrever? Por quê?

   _____

   _____

   _____

   _____

DE PALAVRA EM PALAVRA

1. Releia este trecho do texto Ziraldo: a biografia.

> Ziraldo fez cartazes para inúmeros filmes do cinema brasileiro como Os fuzis, Os cafajestes, Selva trágica, Os mendigos etc. Foi no Rio de Janeiro que Ziraldo se consagrou como um dos artistas gráficos mais conhecidos e respeitados nacional e internacionalmente.

a) Repare que o nome Ziraldo aparece duas vezes nesse trecho. Qual destas palavras poderia substituir o nome dele? Assinale.

☐ Ela.   ☐ Nós.   ☐ Ele.   ☐ Eu.   ☐ Eles.

b) Por que poderíamos substituir o nome Ziraldo por essa palavra?

2. Observe os termos destacados nestas frases.

Eu gosto do Menino Maluquinho e de outras personagens criadas por Ziraldo.

Elas estão interessadas em conhecer novos artistas.

Tu sabias que Ziraldo gostava de ler e desenhar desde criança?

- Qual é a função desses termos? Assinale a(s) afirmação(ões) correta(s).

  ☐ Indicar quem fala, de quem se fala e com quem se fala.

  ☐ Indicar uma ação.

  ☐ Substituir os nomes.

> As palavras que substituem os nomes (substantivos) são chamadas de **pronomes**.
>
> **eu**: 1ª pessoa do singular   **nós**: 1ª pessoa do plural
> **tu**: 2ª pessoa do singular   **vós**: 2ª pessoa do plural
> **ele/ela**: 3ª pessoa do singular   **eles/elas**: 3ª pessoa do plural
>
> Os pronomes que indicam as pessoas do discurso (quem fala – 1ª pessoa; com quem se fala – 2ª pessoa; de quem se fala – 3ª pessoa) são chamados de **pronomes pessoais**.

3. Substitua os termos destacados pelos pronomes pessoais adequados.

a) **Ziraldo** nasceu em 24 de outubro de 1932. _____

b) **Ziraldo e os irmãos** são mineiros. _____

c) **Eu, meu irmão e meus primos** gostamos de ler. _____

- Leia as frases substituindo os termos destacados pelos pronomes. A substituição dos pronomes provoca alteração nos verbos?

4. Leia esta tirinha e converse com os colegas e o professor sobre as questões.

a) A quem se refere o pronome **ele**?

b) Por que Julieta responde "Que ótimo!" no segundo quadrinho?

c) Por que algumas palavras estão em negrito no terceiro quadrinho?

5. Leia esta outra tirinha.

a) Que pronomes pessoais ela apresenta?

_____

b) A quem se refere o pronome **você**?

☐ À pessoa de quem se está falando (3ª pessoa).

☐ À pessoa com quem se está falando (2ª pessoa).

QUAL É A LETRA?

1. Você sabe quando devemos usar **por que** e **porque** na escrita?

2. Leia esta tirinha.

> **POR QUE É SEPARADO?**
>
> **PORQUE NÃO É JUNTO!**
> **MAS POR QUÊ?**
>
> **O PORQUÊ EU NÃO SEI!**

a) Observe a fala do Armandinho no primeiro quadrinho. **Por que** aparece escrito separadamente. Você sabe explicar por que isso ocorre?

_____

b) No segundo quadrinho aparece a palavra **porque** na fala do pai de Armandinho. Justifique essa grafia.

_____

c) Converse com um colega. Juntos, tentem justificar o motivo do acento no **quê** na pergunta que o Armandinho faz ao pai no segundo quadrinho.

> **Pista** Observem a posição que esse termo ocupa na frase.

_____

_____

d) Observe que, no último quadrinho, a palavra **porquê** é acentuada e precedida do artigo **o**: **o porquê**. Essa expressão pode ser substituída por:

☐ o motivo.   ☐ a razão.

3. Compare estas duas frases. Elas têm o mesmo sentido? Explique.

| Quero saber **por que** tanta alegria. | Quero saber o **porquê** de tanta alegria. |

78

4. Substitua as expressões destacadas pelos termos porque, por que, porquê ou por quê sem mudar o sentido das frases.

a) Jonas é saudável, **pois** pratica esportes. _____

b) **Por qual razão** você não trouxe o que pedi? _____

c) Marina não veio hoje, você sabe **qual o motivo**? _____

d) Quero saber o **motivo** de tanta confusão! _____

Por que
- Usa-se nas perguntas diretas (com ponto de interrogação).
Exemplo: Por que você não completou a atividade?
- Usa-se nas perguntas indiretas (com ponto final).
Exemplo: Explique por que você não completou a atividade.

Por quê
- Usa-se nas perguntas, quando essa palavra estiver no final da frase ou vier isolada.
Exemplos: A visita do autor foi cancelada. Você sabe por quê?
A visita do autor foi cancelada. Por quê?

Porque
- Usa-se para explicar um fato ou para responder a uma pergunta.
Exemplo: O barco afundou porque tinha um grande furo.

Porquê
- Usa-se com o sentido de "motivo", "razão". Vem antecedido do artigo masculino o.
Exemplo: Gostaria de saber o porquê de sua tristeza.

5. Preparem-se para uma brincadeira em grupo.

- Escrevam em tiras de papel porque, por que, por quê e porquê.
- Dobrem os papéis e coloquem em um saquinho.
- Um aluno retira um dos papéis e mostra aos outros. Cada um escreve uma frase, em uma folha à parte, com a palavra sorteada.
- Quem acabar primeiro avisa que terminou, e os outros devem parar de escrever.
- Sigam o mesmo procedimento até terminarem os papéis.
- Verifiquem, com a ajuda do professor, se as frases estão corretas. Vence quem escreveu tudo certo.

REDE DE LEITURA

Você conhece Monteiro Lobato? Já leu ou ouviu alguma história do Sítio do Picapau Amarelo? Leia o texto e saiba um pouco sobre a vida desse autor.

Monteiro Lobato

José Bento Monteiro Lobato estreou no mundo das letras com pequenos contos para os jornais estudantis dos colégios Kennedy e Paulista, que frequentou em Taubaté, sua cidade natal do vale do Paraíba, onde nasceu em 18 de abril de 1882. No curso de Direito da Faculdade do Largo São Francisco, em São Paulo, dividiu-se entre suas principais paixões: escrever e desenhar. [...]

Com o diploma nas mãos em 1904, Lobato voltou a Taubaté. E lá prosseguiu fazendo crítica de arte para o jornal da cidade e enviando artigos para O Combatente, de Caçapava. Nomeado promotor público, mudou-se para Areias, casou-se com Purezinha e começou a traduzir artigos do Weekly Times para O Estado de S. Paulo. Fez ilustrações e caricaturas para a revista carioca Fon-Fon! e colaborou no jornal Gazeta de Notícias, também do Rio de Janeiro, assim como na Tribuna de Santos.

A morte súbita do avô determinou uma reviravolta na vida de Monteiro Lobato que herdou a fazenda do Buquira, para a qual se transferiu com a família. [...]

Não demorou muito e Lobato, cansado da monotonia do campo, acabou vendendo a fazenda e instalando-se na capital paulista.

Com o dinheiro da venda da fazenda, Lobato virou definitivamente um escritor-jornalista. Colaborou, nesse período, para publicações como Vida Moderna, O Queixoso, Parafuso, A Cigarra, O Pirralho e continuou em O Estado de S. Paulo. Mas foi a linha nacionalista da Revista do Brasil, lançada em janeiro de 1916, que o empolgou. Não teve dúvida: comprou-a em junho de 1918 com o que recebera pelo Buquira. [...]

Monteiro Lobato aos 40 anos (1922).

Escreveu, nesse período, sua primeira história infantil, "A menina do narizinho arrebitado". Com capa e desenhos de Voltolino, famoso ilustrador da época, o livrinho, lançado no natal de 1920, fez o maior sucesso. [...]

Trabalhando a todo vapor, Lobato teve que enfrentar uma série de obstáculos. [...] O que não significou o fim de seu ambicioso projeto editorial, pois ele já se preparava para criar outra empresa. Assim surgiu a Companhia Editora Nacional.

[...] Monteiro Lobato sofreu dois acidentes vasculares cerebrais e, no dia 4 de julho de 1948, virou "gás inteligente" — o modo como costumava definir a morte. Foi-se aos 66 anos de idade. [...]

© Monteiro Lobato - Todos os direitos.

1. Quais eram as duas paixões de Monteiro Lobato?

2. Qual foi a primeira história infantil que Monteiro Lobato escreveu?

- Quem fez a capa e os desenhos dessa história?

3. Você conhece as histórias da turma do Sítio do Picapau Amarelo? De qual delas você gosta mais?

4. Que tempo verbal predomina nessa biografia?

- Por que foi empregado esse tempo verbal?

LOBATO NA LINHA DO TEMPO

Será que as biografias e autobiografias são apresentadas sempre da mesma forma?

Leia a seguir as informações sobre o escritor Monteiro Lobato, apresentadas de um modo diferente.

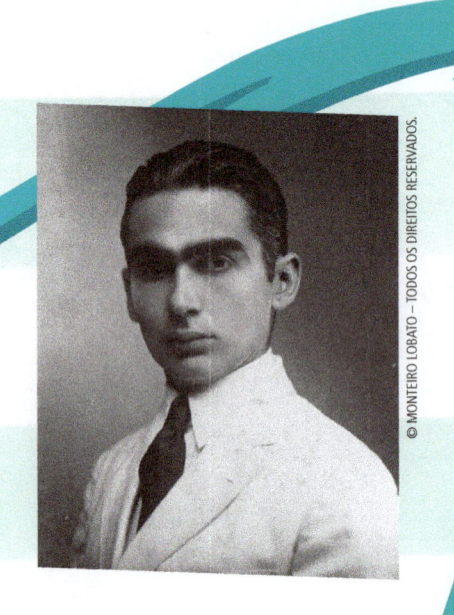

18 de abril de 1882
Nasce José Renato Monteiro Lobato na cidade de Taubaté (em São Paulo), filho de José Bento Marcondes Lobato e Olímpia Augusta Monteiro Lobato.

1904
Monteiro Lobato forma-se pela Faculdade de Direito do Largo de São Francisco na cidade de São Paulo.

1927
Assume o posto de adido comercial em Nova York. Durante quatro anos, acompanha as inovações nos EUA e tenta alavancar o progresso do Brasil.

1918
Vende a fazenda que herdou do avô e, com o dinheiro, compra a **Revista do Brasil**.

1925
Funda a Companhia Editora Nacional.

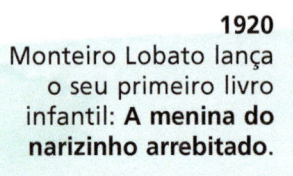

1929
Lançamento dos livros **O irmão do Pinóquio** e **O Circo de Escavalinho**. É neste último livro que a boneca Emília dá nome ao sítio de Dona Benta de Sítio do Picapau Amarelo.

1920
Monteiro Lobato lança o seu primeiro livro infantil: **A menina do narizinho arrebitado**.

82

1931
Lançamento de **As reinações de Narizinho**, um clássico da literatura infantil.

1934
Lobato publica o livro **Emília no País da Gramática**.

1939
Lançamento dos livros **O Picapau Amarelo** e **Minotauro**.

1941
Monteiro Lobato lança os livros **A reforma da natureza** e **O espanto das gentes**.

1948
Em 4 de julho, morre Monteiro Lobato.

Fonte: © Monteiro Lobato - Todos os direitos.

O esquema que você observou é chamado de **linha do tempo**, que é uma forma de organizar cronologicamente determinados fatos, inclusive dados biográficos.

Converse com os colegas e o professor sobre as questões a seguir.

1. O que mais chamou sua atenção nessa linha do tempo?

2. Você achou interessante apresentar a biografia de Monteiro Lobato dessa forma? Por quê?

3. Você já leu algum livro de Monteiro Lobato? Qual ou quais?
  • Selecione, na biblioteca da escola, livros para ler com os colegas e o professor.

CAPÍTULO 2
TARSILA PARA SEMPRE

• Você já ouviu falar na artista Tarsila do Amaral? Conhece algum quadro que ela pintou?

Leia com o professor a biografia de uma das maiores pintoras brasileiras de todos os tempos.

A pintora Tarsila do Amaral (c. 1926).

Tarsila do Amaral

Nasceu em 1886, final do século XIX, filha de José Estanislau do Amaral e Lydia Dias do Amaral.

Cresceu feliz nas fazendas de seus pais, uma chamada São Bernardo, em Capivari, e a outra chamada Santa Teresa do Alto, em Jundiaí.

Era rodeada de carinho e atenção.

Uma menina esperta, sensível, atenta ao mundo que a rodeava. Um mundo cheio de alegria e, principalmente, de gatos. Esses pequenos animais eram seus companheiros. Possuía cerca de quarenta. Eles viviam ao seu redor, procurando carinho e atenção. Tarsila os adorava.

Tarsila vivia livre como os animais da fazenda. E essa liberdade faria parte de sua personalidade, por toda a sua vida. Caso chegasse alguma visita para atrapalhar suas brincadeiras, Tarsila corria para seu esconderijo preferido: um canto atrás da porta de um dos quartos da casa.

"Cresci numa fazenda de café como uma cabrita selvagem, saltando daqui para ali entre rochas e cactos."

Observava tudo em sua fazenda: a galinha com seus pintinhos ciscando ao redor da casa, os coelhos, os passarinhos, até mesmo os touros, as matas, as flores, os frutos, a terra, o sol e o céu. As paisagens dos arredores das fazendas ficaram impressas em seu olhar, entre elas as formas das pedras da região de Indaiatuba e Itu. Até os doze anos Tarsila viveu entre as regiões de Jundiaí, Capivari, Indaiatuba e Itu, no interior de São Paulo.

As casas do interior geralmente eram pintadas em rosa e azul, numa tonalidade forte e marcante... e essas cores, ditas cores "caipiras", chamavam a atenção da pequena Tarsila.

E, então, ela desenhou pela primeira vez. Desenhou com sua alma... com sensibilidade. Desenhou uma simples cesta de flores e uma galinha com seus pintinhos. Tal como os via, tal como os percebia.

Mas o tempo passou, e Tarsila foi morar em São Paulo durante quatro anos, na casa de seu avô, que ficava na Rua Conselheiro Nébias.

Fez sua primeira comunhão num colégio de freiras no bairro de Santana e estudou no Colégio Sion.

Abaporu, de Tarsila do Amaral, 1928. Óleo sobre tela, 85 cm × 73 cm. Colección Costantini, Buenos Aires, Argentina.

"Meu pai me adorava, para ele tudo o que eu fazia estava bem-feito [...] nunca se opôs a nada, e eu tinha tanta curiosidade em conhecer lugares..."

Quando tinha dezesseis anos, Tarsila foi embora do Brasil junto com sua família. Foi estudar na Espanha, em Barcelona. Lá ficou por quatro anos, num internato, isto é, morava na escola. Era um colégio de freiras, o Colégio Sacré-Coeur de Jésus.

Tarsila continuava a desenhar o que estava ao seu redor. Não havia mais animais. Havia santos. E ela os desenhava. E fazia isso muito bem. E era elogiada por todos.

O desenho estaria para sempre em sua vida. Em 1906, voltou ao Brasil e casou-se com um primo chamado André Teixeira Pinto. Nasceu sua filha Dulce. No entanto, esse casamento seria, anos depois, anulado.

Nessa época, Tarsila viajava muito entre São Paulo e as fazendas. Mas o seu interesse e o seu talento para a pintura ficavam cada vez mais fortes. Tarsila era uma mulher dinâmica e criativa, que não se contentava com uma vida simples e tranquila.

Assim, resolveu assumir sua vocação para as artes e foi estudar desenho, pintura e escultura, formas de expressão artística.

Entre 1916 e 1917, Tarsila do Amaral estudou desenho com Pedro Alexandrino. Aprendeu a desenhar a partir da observação de modelos de gesso, de frutas e flores, e paisagens.

Nereide S. Santa Rosa. **Tarsila do Amaral**. São Paulo: Callis, 1998. p. 6-7, 9-10, 13, 15-16, 32, 35, 39.

[...]
Em 1920 frequentou por dois meses um curso de pintura do Professor Elpons, impressionista, que lhe aconselhou a pintar de forma mais solta, com grandes pinceladas, com muitas tintas, sem se prender a certas cores, como Pedro Alexandrino havia lhe ensinado. Nessa época ela morou em São Paulo, na casa dos pais, na Rua Visconde do Rio Branco.

E, mais uma vez, Tarsila foi embora. Nesse mesmo ano, após o curso, partiu para a Europa, onde permaneceria por dois anos. Levou sua filha Dulce para estudar em um colégio interno na Inglaterra.

Depois de deixar Dulce na Inglaterra, Tarsila foi para Paris, para estudar na Academia Julian, seguindo o conselho de Pedro Alexandrino.

Morava no número 2 da Rue de Louvre.

"Na Academia Julian meus estudos eram tidos como avançados..."

Estudou com Emile Renard e expôs uma tela no Salon Officiel des Artistes Français, ainda em 1922. Sua pintura ainda estava voltada ao Impressionismo, movimento artístico iniciado em 1874 com Monet, Cézanne e Renoir, entre outros. Os pintores impressionistas buscavam registrar em suas pinturas a luz nas cores da natureza.

Ainda em 1922, Tarsila voltou ao Brasil e descobriu o Modernismo.

"Depois de uma permanência de dois anos na Europa, de lá voltei trazendo uma caixa de pintura com muitas tintas bonitas, muitos vestidos elegantes e pouca informação artística."

"Parece mentira... mas foi no Brasil que tomei contato com a Arte Moderna."

O Modernismo foi um movimento artístico do século XX, voltado aos sentimentos do homem, do pintor, do artista. Além da luz e da cor, nesse movimento era importante a leitura do sentimento, a leitura da emoção.

O Modernismo abrangeu vários momentos: o Expressionismo nascido na Alemanha, com o quadro O grito de Münch; o Cubismo de Picasso; o Abstracionismo de Kandinsky. Tarsila retornou ao Brasil em junho de 1922. Alguns meses antes, mais precisamente em fevereiro de 1922, acontecia a Semana de Arte Moderna, no Teatro Municipal de São Paulo, com exposições de escultores como Vítor Brecheret, pintores como Anita Malfatti, Di Cavalcanti, Rego Monteiro, além de concertos, debates e conferências.

O Movimento Modernista explodia no Brasil, portanto, quando chegou, Tarsila do Amaral encontrou todo esse movimento efervescente. Conheceu Anita Malfatti, de quem ficou amiga, e imediatamente se envolveu com os modernistas, abrindo para eles o seu ateliê na Rua Vitória, em São Paulo. Lá eles formaram o Grupo dos Cinco: Mário de Andrade, Oswald de Andrade, Menotti Del Picchia, Anita Malfatti e Tarsila.

Em 1929, Tarsila fez sua primeira exposição individual no Brasil, na cidade do Rio de Janeiro. Em seguida, fez outra em São Paulo, na Rua Barão de Itapetininga. Conta-se que nessa exposição, em um momento em que Tarsila estava presente, alguns rapazes foram observar seus quadros. O grupo entrou na sala da exposição e Tarsila os observava. Notou que os rapazes ficaram parados em frente de seus quadros, recuando de vez em quando para observá-los melhor. Tarsila não se conteve e exclamou ao grupo:

Floresta, de Tarsila do Amaral, 1929. Óleo sobre tela, 63,9 cm × 76,2 cm. Coleção Museu de Arte Contemporânea da Universidade de São Paulo, São Paulo (SP), Brasil.

"Não é assim que vocês devem olhar meus quadros. O que vale é a primeira impressão... vocês devem olhar uma só vez e sentir a mensagem do quadro de uma vez só..." [...]

Em 1933, casou-se com Luís Martins, jornalista, com quem viveu até 1960. Tarsila do Amaral, ao longo de sua vida, recebeu muitos prêmios e o reconhecimento por sua obra. Escreveu artigos sobre arte no jornal *Diário de São Paulo*. [...]

Tarsila pintou até os seus últimos dias.

Morreu em São Paulo, em janeiro de 1973, aos 86 anos. Sua vida foi a pintura.

Uma pintura que cativou,
discutiu,
polemizou,
despertou nossas raízes,
                nossa cultura,
nosso povo.
Tarsila,
uma mulher brasileira...
                    uma mulher corajosa...
digna de representar
a Arte Moderna Brasileira.

Nereide S. Santa Rosa. **Tarsila do Amaral**. São Paulo: Callis, 1998. p. 6-7, 9-10, 13, 15-16, 32, 35, 39.

DESVENDANDO TARSILA

1. Qual é o assunto tratado no texto que você leu?

_____

2. Como estão organizados os fatos da vida de Tarsila no texto?

_____

3. O texto que você leu é uma biografia ou uma autobiografia? Justifique.

_____

_____

_____

- Que aspectos da vida da artista você achou mais interessantes?

4. Em quais destas publicações é possível encontrar biografias e autobiografias? Assinale as alternativas corretas.

☐ Revistas. ☐ *Sites*.

☐ Jornais. ☐ Livros.

- Existem outras maneiras de mostrar os fatos importantes da vida de uma pessoa? Converse com os colegas e o professor.

5. Você acha que as datas são importantes em textos biográficos e autobiográficos? Por quê?

_____

_____

_____

6. Releia este trecho da biografia de Tarsila do Amaral.

> As paisagens dos arredores das fazendas ficaram impressas em seu olhar, entre elas as formas das pedras da região de Indaiatuba e Itu.

Converse com os colegas e o professor sobre as questões seguintes.

a) O que significa dizer que as paisagens ficaram impressas em seu olhar?

b) Você acha que essas paisagens despertaram em Tarsila o desejo de ser pintora? Como?

7. O que Tarsila desenhou pela primeira vez?

_____

8. Quais características pessoais levaram Tarsila a assumir sua vocação artística?

_____

_____

_____

9. Releia o comentário de Tarsila ao ver alguns rapazes observando seus quadros em sua primeira exposição individual no Brasil.

> "Não é assim que vocês devem olhar meus quadros. O que vale é a primeira impressão... vocês devem olhar uma só vez e sentir a mensagem do quadro de uma vez só..."

- Você acha que quadros podem transmitir mensagens? Explique.

10. Observe esta obra de Tarsila.

- Qual é a sua impressão sobre a obra? Que mensagem transmitiu para você? Conte aos colegas e ao professor.

11. Observe que a autora do texto escreveu o final da biografia em versos. Qual é a ideia que o leitor tem da artista após ler esses versos?

O lago, de Tarsila do Amaral, 1928. Óleo sobre tela, 75,5 cm × 93 cm. Coleção particular.

DE PALAVRA EM PALAVRA

1. Releia estes trechos da biografia de Tarsila do Amaral.

> E, então, ela desenhou pela primeira vez. Desenhou com sua alma... com sensibilidade. Desenhou uma simples cesta de flores e uma galinha com seus pintinhos. Tal como os via, tal como os percebia.

> "Meu pai me adorava, para ele tudo o que eu fazia estava bem-feito [...] nunca se opôs a nada, e eu tinha tanta curiosidade em conhecer lugares..."

a) Existe diferença na forma como esses fatos foram relatados? Explique.

_____

_____

b) Como você conseguiu chegar a essa conclusão?

_____

_____

2. Você aprendeu que os pronomes pessoais **eu** e **nós** referem-se à pessoa que fala (1ª pessoa). Os pronomes **ele(s)**, **ela(s)** referem-se à pessoa de quem se fala (3ª pessoa).

Indique se estes trechos estão em 1ª ou 3ª pessoa.

a) *E, então, ela desenhou pela primeira vez.*

_____

b) *"Agora sim... vocês entenderam o que eu queria dizer..."*

_____

3. Leia este texto e descubra um pouco sobre a pintora Anita Malfatti, contemporânea e amiga de Tarsila do Amaral.

Pinceladas que fizeram história

Conheça Anita Malfatti, que renovou o jeito brasileiro de pintar

Ela começou a fazer quadros incentivada pela mãe, que dava aulas de pintura e desenho. Apesar de ter nascido com a mão e o braço direitos atrofiados, encontrou um jeito de usar com desenvoltura os pincéis. Com isso, se tornou uma das mais importantes pintoras brasileiras. Anita Malfatti trouxe para o nosso país um jeito novo de pintar, rompendo com as regras que vigoravam para as artes. [...]

Carolina Drago, Instituto Ciência Hoje/RJ. Pinceladas que fizeram história. **Ciência Hoje das Crianças**. Disponível em: <http://chc.org.br/pinceladas-que-fizeram-historia/>. Acesso em: 19 set. 2017.

a) Quem escreveu esse texto sobre Anita Malfatti?

b) Esse texto é considerado uma biografia ou autobiografia? Explique.

c) O texto está escrito em 1ª pessoa ou 3ª pessoa?

4. Leia esta tira do Calvin.

Bill Watterson. **Tem alguma coisa babando embaixo da cama**. São Paulo: Conrad Editora do Brasil. p. 66.

a) Calvin diz ao tigre que está escrevendo uma autobiografia. Por que o tigre ficou surpreso com o que Calvin estava fazendo?

b) O que Calvin quis dizer quando respondeu: "Eu só tenho uma folha de papel"?

QUAL É A LETRA?

1. Releia este trecho da biografia de Tarsila do Amaral. Indique a qual palavra o termo **onde** se refere.

> Nesse mesmo ano, após o curso, partiu para a Europa, **onde** permaneceria por dois anos.

_____

2. Você já observou em quais situações utilizamos a palavra **onde**?
- O que essa palavra indica?

3. Reúna-se com um colega. Consultem os livros e outras publicações disponíveis na sala de aula e escolham dois trechos em que apareça a palavra **onde**.
- Copiem esses trechos e indiquem a qual termo essa palavra se refere.

_____
_____
_____

4. Leia estas frases e observe o sentido das palavras destacadas.

> Mamãe quer saber **aonde** eu fui.

> **Aonde** você vai hoje?

- O que o termo **aonde** indica? Converse com os colegas e o professor.

> **Onde** determina **em que** ou **em qual** lugar. É usado com verbos que não indicam movimento.
> **Aonde** significa **para onde** ou **a que lugar**. É usado com verbos que dão ideia de movimento, como ir e voltar, entre outros.
> Exemplo: Vou estar sempre por perto, **onde** você estiver e **aonde** você for.

5. Explique o sentido da palavra **onde** na tirinha de Armandinho.

> O RIO NASCE LÁ NA SERRA, PASSA POR VÁRIAS CIDADES...
>
> ...ATÉ CHEGAR AQUI NA FOZ, ONDE ELE ACABA.
>
> NÃO ACABA...
>
> ...ELE SE TRANSFORMA EM MAR!

Alexandre Beck 2407/17
ALEXANDRE BECK

- Nesse caso, poderia ter sido utilizada a palavra **aonde**? Explique.

6. Leia agora esta tirinha do Calvin. Converse com seus colegas sobre os acontecimentos da história.

> BOM, NÃO DÁ PRA ADIAR O INEVITÁVEL. VAMOS ENTRAR NO CARRO.
>
> AONDE A GENTE VAI?
>
> VAMOS FAZER O MESMO DE TODO VERÃO: ACAMPAR EM ALGUMA ILHA DESERTA NO FIM DO MUNDO.
>
> DE NOVO? É, É ASSIM QUE O PAPAI GOSTA DE RELAXAR.
>
> COM TODO MUNDO RECLAMANDO? ISSO. ELE GOSTA DE VER A GENTE SOFRER.

Bill Watterson. **A hora da vingança**. São Paulo: Conrad Editora do Brasil, 2019. p. 102.

- Substitua a palavra **aonde** pelo termo **para onde** e reescreva a fala do tigre no segundo quadrinho.

_____

7. Escreva as frases substituindo as palavras destacadas por **onde** ou **aonde**.

a) Meus pais ainda não sabem **para onde** viajarão.

_____

b) O bairro **em que** moro tem muitas árvores.

_____

8. Reúna-se com um colega e sigam as instruções.

- Em uma folha à parte, elaborem frases com **onde** e **aonde**, deixando lacunas no lugar dessas palavras.
- Troquem a folha com outra dupla e façam a atividade.
- Confiram suas respostas com as dos colegas. Se necessário, corrijam o que não estiver correto.

MÃO NA MASSA!

Nesta unidade você trabalhou os gêneros textuais **biografia** e **autobiografia**.

Uma **biografia** é um texto que conta os principais acontecimentos da vida de uma pessoa. Tem por objetivo reconstruir sua imagem e sua história de vida.

As biografias são, em geral, escritas em 3ª pessoa e com uma linguagem objetiva, direta.

A **autobiografia** é um texto no qual o autor narra sua própria história de vida, em geral em ordem cronológica. Esse tipo de texto apresenta uma linguagem mais pessoal, pois o autor pode expressar seu ponto de vista. A autobiografia é sempre escrita em 1ª pessoa.

Tanto na biografia como na autobiografia os verbos costumam ser escritos no pretérito, mas podem aparecer no presente ou no futuro.

1. No capítulo 2, você leu a biografia de Tarsila do Amaral escrita por Nereide Santa Rosa. Vamos conhecer um pouco sobre a vida de Nereide?

> Nasci em São Paulo, neta de portugueses e italianos.
>
> Tive uma infância muito feliz, com meus pais e minha irmã. Morava em uma casa bonita, com quintal onde gostava de andar de triciclo. Com minhas amigas brincava de roda, pegador, pipa, casinha. Gostava também de ler livros de Monteiro Lobato. Nas férias viajava sempre para a praia em Santos. Estudei no grupo escolar e no ginásio estadual de meu bairro. Depois fui para um colégio de freiras onde me formei professora. Um ano antes havia me formado professora de piano, que estudei desde os seis anos de idade. Fiz faculdade de pedagogia. Trabalhei como professora e depois como pedagoga.
>
> Hoje estou casada com Francisco e tenho duas filhas, Tatiane e Priscila. Adoro sorvete de creme crocante, pipoca e o macarrão da "mamma". Adoro também navegar na internet, ir a livrarias e bibliotecas. Escrevo porque acredito que dessa maneira minha vida tem um significado maior.

Nereide S. Santa Rosa. **Tarsila do Amaral**. São Paulo: Callis, 1998. p. 40.

Nereide Santa Rosa.

- Esse texto é uma biografia ou autobiografia? Justifique sua resposta.

  _____

2. Agora, mãos à obra! Você vai escrever uma autobiografia contando os principais fatos de sua vida.

   a) Peça auxílio a um adulto de seu grupo familiar para os detalhes e as datas importantes.
   Estas perguntas podem ajudá-lo. Registre as respostas.

   - Quando você começou a andar ou falar? Quantos anos você tinha quando nasceram seus irmãos? Do que costumava brincar quando era pequeno? O que mais gostava de fazer? Em que ano entrou para a escola? Como foi seu primeiro dia de aula? Quando aprendeu a ler e escrever? O que gosta de ler hoje em dia? Quais são seus amigos mais próximos? Como se conheceram? Quais são seus divertimentos? O que costuma fazer nos fins de semana? O que o deixa feliz? O que o deixa triste? Você tem alguma preocupação?

   b) Você pode incluir planos para o futuro, dizendo o que quer ser quando crescer e qual é seu maior sonho.

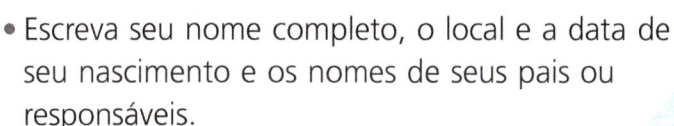

3. Agora que você já planejou o que vai escrever, lembre-se destes itens:

   - Escreva seu nome completo, o local e a data de seu nascimento e os nomes de seus pais ou responsáveis.
   - Estabeleça uma ordem cronológica para contar os fatos.
   - Utilize os verbos no pretérito ao contar fatos do passado.
   - Use os verbos em 1ª pessoa.
   - Descreva suas sensações e impressões.
   - Pontue seu texto e organize os parágrafos de acordo com os fatos relatados.
   - Dê um título ao seu texto.

4. Releia seu texto antes de entregá-lo ao professor e verifique se as ideias apresentadas em cada parágrafo se complementam, isto é, se o texto tem coerência, sentido. Se precisar, faça alterações.

DE OLHO NO TEXTO

1. Converse com um colega sobre a organização e os cuidados que vocês devem ter ao escrever uma autobiografia.

> **Itens para orientar a conversa**
> - Quais informações não podem faltar.
> - Qual será a ordem dos acontecimentos relatados.
> - Em que tempo verbal aparecerão os verbos.

2. Leia novamente a autobiografia que você escreveu e confira se nela há todos os itens que você e o colega identificaram.

O seu texto tem:

☐ todos os itens mencionados?

☐ alguns dos itens mencionados?

☐ nenhum dos itens mencionados?

3. Você vai ler a autobiografia do colega e ele vai ler a sua. Siga estas orientações.

- Analise o texto e comente o que você achou interessante sobre a vida do colega.
- Dê sugestões do que ele poderia contar para deixar o texto ainda mais interessante.
- Verifique a ortografia e faça as observações necessárias para que o colega possa fazer as correções.
- Escreva suas observações em um bilhete.
- Entregue o texto com seus comentários e receba o seu.

4. Reveja as anotações feitas pelo professor e pelo colega. Verifique se todos os itens foram contemplados nas observações.

5. Prepare-se para reescrever sua autobiografia. Assim que terminar, releia o texto e entregue-o ao professor.

6. Um desafio: como ficaria um trecho da autobiografia de seu colega se ela fosse escrita em 3ª pessoa?
   Observe o exemplo.

> Nasci em 12 de março na cidade de Uberlândia, estado de Minas Gerais.
>
> Eu era um bebê guloso e chorava bem alto quando estava com fome. Comecei a andar muito cedo, aos 10 meses de idade.

> Nasceu em 12 de março na cidade de Uberlândia, estado de Minas Gerais.
>
> Ele era um bebê guloso e chorava bem alto quando estava com fome. Começou a andar muito cedo, aos 10 meses de idade.

ILUSTRAÇÕES: CLARA GAVILAN

a) Escolha um trecho da autobiografia de seu colega para fazer essa transformação. Utilize uma folha à parte.

b) Analise quais palavras precisaram ser modificadas para dar sentido ao texto.

c) Ao fazer essa mudança, o texto passou a ser de outro gênero, também trabalhado nesta unidade. Qual é esse gênero?

_____

97

ORALIDADE EM AÇÃO

1. Observe estas fotografias.

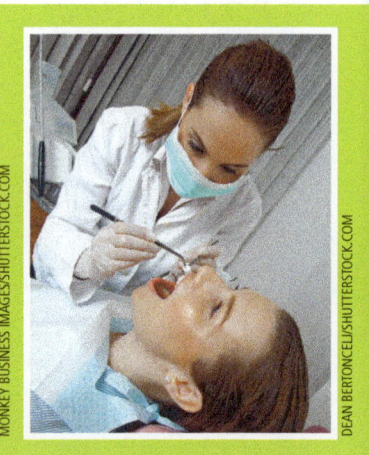

- Converse com os colegas e o professor sobre estas questões:

  Que profissões essas pessoas exercem? Como você chegou a essa conclusão? O que elas precisam fazer no trabalho? Com quem costumam se comunicar no trabalho? Que tipo de público elas atendem? Que tipo de linguagem elas utilizam em suas profissões?

2. Reúna-se com mais três colegas e sigam as instruções.

   a) Escolham um profissional que se destacou por ter realizado algo importante.

   b) Façam uma pesquisa para conhecer a vida desse profissional.

   c) Copiem este roteiro em uma folha à parte e registrem as respostas.

- Qual é o nome completo e a idade da pessoa?
- Onde nasceu e onde vive atualmente?
- Quais atividades ela exerce?
- Como realiza as atividades em seu trabalho?
- Você descobriu como foi que essa pessoa escolheu a profissão?
- Ela se relaciona com outras pessoas em sua profissão?
- Como é o jeito de falar dessa pessoa?
- Como costuma se vestir?
- A profissão exige o uso de um uniforme? E instrumentos e equipamentos?
- Quais são suas características mais marcantes?
- Ela costuma falar uma palavra ou expressão que marca sua identidade?

3. Agora, um dos componentes do grupo representará a personalidade que vocês escolheram.

> **Atenção** Não contem aos outros grupos quem é a personalidade, pois eles terão que adivinhar que profissão ela exerceu ou exerce.

Antes da apresentação
- Decidam como será a cena dramatizada.
- Os outros componentes do grupo podem fazer parte da cena. Por exemplo: se a pessoa for um cantor, os outros podem ser a plateia.
- Façam um roteiro da cena: qual é o papel de cada um, o que vão falar e como vão falar.
- Escolham a roupa e os acessórios que vão usar.
- Ensaiem várias vezes para que a cena se assemelhe a uma situação real.

Durante a apresentação
- Apresentem a cena e, no final, perguntem aos outros grupos se eles conseguiram identificar quem é a personalidade representada.
- Não interrompam a apresentação dos outros grupos.

Após a apresentação
- Conversem com o professor e os colegas sobre as apresentações.
- Os grupos conseguiram apontar as características e ações da personalidade que permitiram sua identificação?
- A linguagem, a voz e os gestos estavam adequados à situação de comunicação?

FIQUE LIGADO

A infância de Mauricio de Sousa, de Audálio Dantas, Callis.

Quem não conhece o criador da Turma da Mônica? Neste livro você vai saber tudo sobre a infância desse famoso cartunista.

Cecília Meireles, de Carla Caruso, Callis.

Desde pequena, Cecília Meireles já gostava de música, de histórias e de poema. Neste livro você vai conhecer um pouco da infância e da adolescência de uma das maiores poetas do Brasil.

IDEIA PUXA IDEIA

1. Observe esta obra de arte e leia a legenda que a acompanha.

- Esta pintura é um autorretrato. Você sabe o que isso significa? Explique.

Autorretrato (*Manteau rouge*), de Tarsila do Amaral, 1923. Óleo sobre tela, 73 cm × 60 cm. Acervo Museu Nacional de Belas Artes, Rio de Janeiro, Brasil.

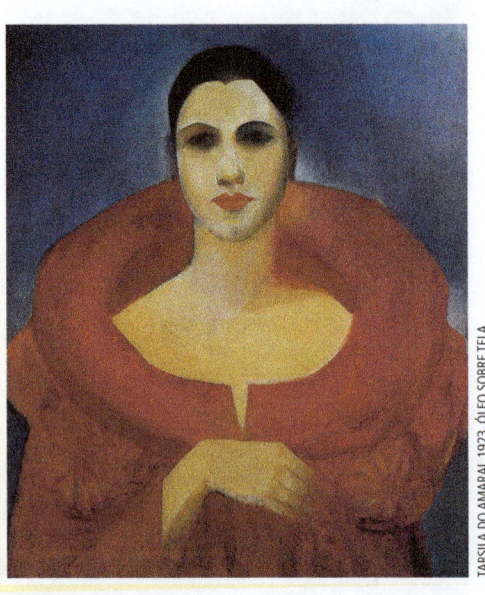

2. Leia esta curiosidade sobre o autorretrato de Tarsila do Amaral.

Autorretrato ou *Manteau Rouge*: Em Paris, Tarsila foi a um jantar em homenagem a Santos Dumont com esta maravilhosa capa (*Manteau Rouge*, em francês, significa casaco, manto vermelho). Além de linda, usava roupas muito elegantes e exóticas, e sua presença era marcante em todos os lugares que frequentava. Depois desse jantar, pintou este maravilhoso autorretrato.

Escritório de arte.com. Disponível em: <https://www.escritoriodearte.com/artista/tarsila-do-amaral/>. Acesso em: 18 set. 2017.

- Na sua opinião, o autorretrato de Tarsila é merecedor do comentário acima? Por quê?

3. Observe agora outra obra de arte.
   - Quem é o autor dessa obra? O que ela retrata?

   _____
   _____
   _____

Autorretrato, de Vik Muniz, 2003. Colagem de recortes de revista. 254 cm × 182,8 cm.

4. Leia este texto e descubra quem é o artista Vik Muniz.

> Vicente José de Oliveira Muniz (São Paulo, 1961). Fotógrafo, desenhista, pintor e gravador. Cursa publicidade na Fundação Armando Álvares Penteado (Faap), em São Paulo. Em 1983, passa a viver e trabalhar em Nova York. Realiza, desde 1988, séries de trabalhos nas quais investiga, principalmente, temas relativos à memória, à percepção e à representação de imagens do mundo das artes e dos meios de comunicação. Faz uso de técnicas diversas e emprega nas obras, com frequência, materiais inusitados como açúcar, chocolate líquido, doce de leite, catchup, gel para cabelo, lixo e poeira [...]
>
> Vik Muniz. Biografia. **Enciclopédia Itaú Cultural de Arte e Cultura Brasileiras**. São Paulo: Itaú Cultural, 2017. Disponível em: <http://enciclopedia.itaucultural.org.br/pessoa9203/vik-muniz>. Acesso em: 8 set. 2017.

- Alguma dessas informações pode ser vista no autorretrato do artista?

5. Você observou dois autorretratos. Como você imagina que esses pintores conseguiram pintar sua própria imagem?
- Na sua opinião, por que um artista faz um retrato de si mesmo?

6. Qual das obras é a mais moderna? Como você chegou a essa conclusão?

_____

_____

7. Agora você é o artista! Em uma folha à parte, faça seu autorretrato. Combine com o professor quais materiais serão usados nesta atividade.
- Depois, compare seu autorretrato com sua autobiografia e veja se eles se complementam ou não.

MEU LUGAR NO MUNDO

O artista brasileiro Jaime Prades cria as suas árvores a partir de pedaços de madeira recolhidos nas ruas. A obra da foto tem 600 cm × 120 cm (Bonito, MS), 2009.

▼ ARTE SUSTENTÁVEL

Muitos artistas têm transformado os mais diversos materiais em verdadeiras obras de arte. Observe estas obras.

O canadense Sean Avery usa CDs quebrados para fazer suas esculturas.

Nesta obra, intitulada **DayDreamer**, de 2010, o artista Vik Muniz usou fotografia e material recolhido do lixo em sua composição.

1. Os materiais usados na composição das obras que você observou foram reutilizados pelos artistas. Qual é o significado da palavra reutilizar? Se necessário, consulte o dicionário.

   _____

2. O que você achou da ideia desses artistas de reutilizar materiais na criação de obras de arte? Por quê?

3. Obras de arte podem ajudar as pessoas a pensar sobre o meio ambiente e os recursos que ele nos oferece? Converse com os colegas e o professor.

4. Se você fosse criar uma obra de arte com materiais reutilizados, o que você faria?

_____

a) Que materiais usaria?

_____

b) De que maneira sua obra poderia conscientizar as pessoas sobre a preservação do meio ambiente?

_____

_____

5. Você já ouviu falar nos 5 Rs? Leia a tabela e discuta com os colegas e o professor cada uma das ações citadas.

O princípio dos 5 Rs	
Repensar	Repensar a necessidade de consumo e os padrões de produção e descarte adotados.
Recusar	Recusar possibilidades de consumo desnecessário e produtos que gerem impactos ambientais significativos.
Reduzir	Reduzir significa evitar os desperdícios, consumir menos produtos, preferindo aqueles que ofereçam menor potencial de geração de resíduos e tenham maior durabilidade.
Reutilizar	Reutilizar é uma forma de evitar que vá para o lixo aquilo que não é lixo reaproveitando tudo o que estiver em bom estado. É ser criativo, inovador usando um produto de diferentes maneiras.
Reciclar	Reciclar significa transformar materiais usados em matérias-primas para outros produtos por meio de processos industriais ou artesanais.

O princípio dos 5 Rs. **Agenda Ambiental na Administração Pública**. Brasília: Ministério do Meio Ambiente, 2009. p. 40. Disponível em: <http://www.mma.gov.br/estruturas/a3p/_arquivos/cartilha_a3p_36.pdf>. Acesso em: 19 set. 2017.

a) Na sua opinião, qual dos 5 Rs é mais fácil aplicar? Por quê?

_____

_____

b) Na escola, como você, os colegas, os professores e os funcionários podem aplicar os 5 Rs?

UNIDADE 4

O ENCANTO DAS HISTÓRIAS POPULARES

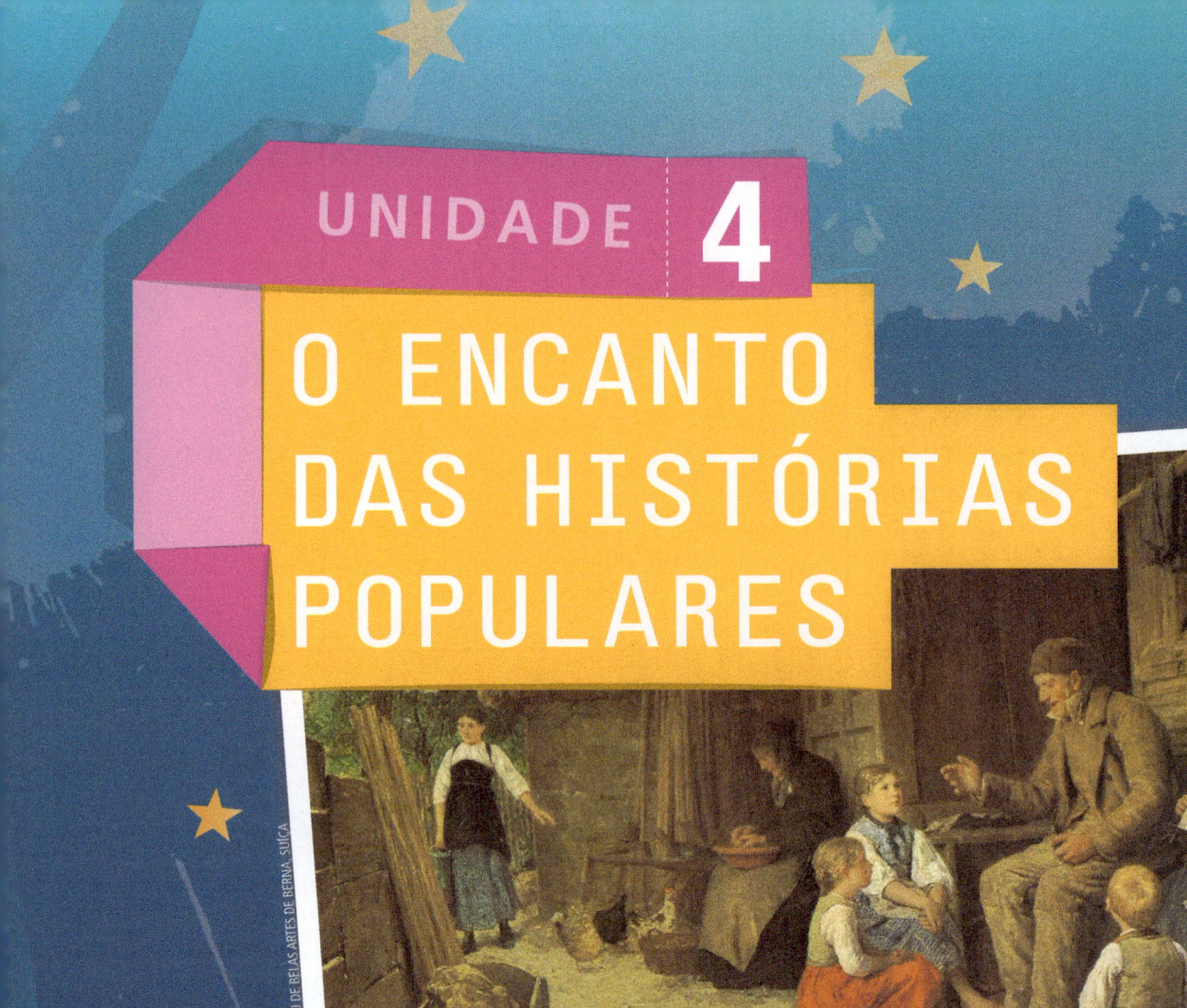

O avô conta uma história (1884), de Albert Anker. Óleo sobre tela. 74 cm × 109 cm. Museu de Belas Artes de Berna, Suíça.

Contador de histórias em ação.

Converse com os colegas e responda às questões.

1. Descreva o que você vê na imagem.

2. Na sua família há o costume de contar e ouvir histórias? Quais são as histórias preferidas?

3. Como as histórias de um povo podem ser registradas?

Pai lê para família.

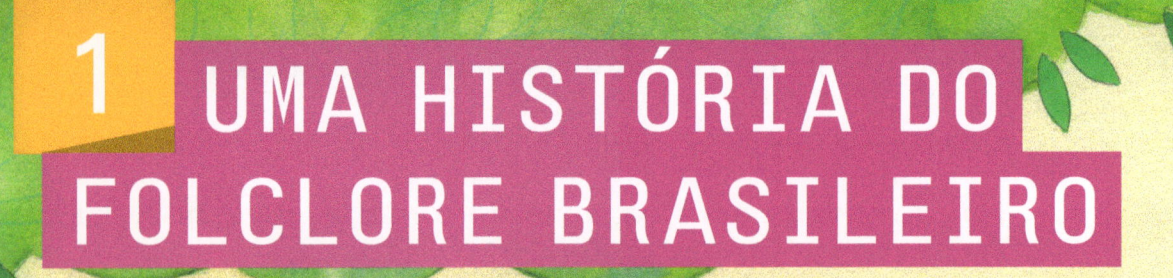

CAPÍTULO 1
UMA HISTÓRIA DO FOLCLORE BRASILEIRO

- Você sabe o que é folclore? Você conhece histórias do folclore brasileiro? Quais são os temas tratados nessas histórias?

A onça e o macaco são inimigos antigos... Será que desta vez a onça vai conseguir pegar o macaco? Leia esta história e divirta-se.

O bicho-folha

Um dia a onça resolveu que ia pegar o macaco de qualquer jeito. Não aguentava mais ser enganada por ele. E desta vez ia ser na marra. Não ia arquitetar plano nenhum, pois sempre acabava mal para o lado dela. Ia ser pau-pau, pedra-pedra.

Era tempo de seca na floresta, e só existia um riachinho onde todos os bichos iam beber água. Pois bem. Ela acampou à beira d'água e mandou a jararaca avisar a bicharada. Ali o macaco não bebia mais. Todos os outros bichos podiam beber, tomar banho, se fartar. Menos o macaco. Se viesse, ia virar comida de onça.

A jararaca avisou a cotia e meia hora depois toda a floresta já sabia da proibição. O macaco ia morrer ou de sede, ou no bucho da onça. Estava perdido.

— Desta vez ele não escapa — falou a cotia. — Aposto que vai dar um jeito — a coruja retrucou.

— Vai ser difícil, vai ser difícil — repetiu o bicho-preguiça.

O macaco deu risada quando soube da história e deu de ombros com cara de nem te ligo. Mas bem que ficou preocupado. Foi até a beira do riacho e espiou, escondido no meio das árvores. Lá estava a onça, com cara de fome, andando para lá e para cá, lambendo os beiços e vigiando a água. Se ele tentasse beber, era uma vez um macaco.

Por aquele dia ele aguentou. Ficou sem beber e matutando. No dia seguinte a sede apertou. Tinha que dar um jeito. Estava lá, pendurado no seu galho, quando viu uma formiguinha descendo pelo tronco. Ia ligeira, carregando nas costas uma folha muito maior que ela. Nem dava para ver a formiguinha, parecia uma folha andando sozinha. Uma ideia brilhou na cabeça do macaco.

Foi até uma colmeia e contou sua ideia para a abelha-rainha. Ela, que não gostava muito da onça, topou o plano na hora. Deu ao macaco um enorme pote de mel. Ele se lambuzou todo e depois rolou em umas folhas secas. Pronto, estava preparado para ir até o riacho.

— Quem vem lá? — gritou a onça.

— O bicho-folha — respondeu o macaco, afinando a voz.

A onça, meio ressabiada e resmungando, pois nunca tinha visto aquele bicho antes, se afastou para que ele bebesse. Afinal, ela tinha que manter a promessa. Todo bicho podia beber, menos o macaco. Bicho-folha era uma coisa meio esquisita, mas promessa é promessa. O macaco foi até a beira do riacho e se pôs a beber. Bebeu bastante e ficou por ali, se exibindo. Tanto macaqueou que levou um escorregão e caiu na água. As folhas desgrudaram, e a onça deu um berro:

— Você! — e saltou em cima dele.

A bicharada, que assistia de longe, prendeu a respiração. O macaco estava perdido!

— Não falei? Não falei? — disse o bicho-preguiça.

— Corre, macaco! — berrava a cotia.

Aos guinchos, o macaco, desesperado, saiu pulando e conseguiu fugir. A onça ainda gritou:

— Não faz mal, sede não dá um dia só. Quero ver se consegue beber amanhã — e, muito brava, ainda deu umas fungadas para o lado da cotia, que tratou de se meter no mato depressinha. Tiririca da vida, a onça voltou à sua vigilância, resmungando:

— Aqui você não pisa mais.

[...]

Vera do Val. **Histórias da onça e do macaco**: folclore brasileiro. São Paulo: WMF Martins Fontes, 2009. p. 65-68.

Antes de continuar a ler a história, responda: Você acha que o macaco vai desistir? Por quê?

Agora, leia o final da história e veja se você estava certo.

[...]

No dia seguinte lá estava o macaco outra vez sedento. O plano tinha sido bom, mas o que estragara tinha sido ele cair na água e o mel derreter. Desta vez seria mais esperto.

Arquitetar: planejar algo detalhadamente.
Matutar: refletir por muito tempo sobre algo.

Quando a sede apertou e a língua dele ficou seca, o macaco foi até uma árvore dessas que soltam resina. Arranhou o tronco e recolheu a resina escorrida em uma cuia de coco. Lambuzou-se com ela e rolou nas folhas secas outra vez. E foi para o riacho.

— Quem vem lá? — berrou a onça.

— O bicho-folha — respondeu o macaco, engrossando a voz.

— Não é o macaco disfarçado? — perguntou a onça, se preparando para o bote.

— Que macaco? Não conheço macaco nenhum. Nem nunca vi. Acabo de chegar de muito longe e estou com sede, dona Onça. Com sua licença, vou beber água.

— Primeiro vou fazer um teste — disse a onça, desconfiada. — Pule na água, quero ver.

O macaco mergulhou no riacho, mas a resina não se soltou e ele continuou disfarçado. A onça ficou envergonhada.

— Me perdoe, senhor doutor Bicho-folha. Esteja à vontade e beba o que quiser. Pensei que era o danado do macaco. Aqui ele não bebe — e, dizendo isso, ela se acalmou e continuou a vigilância.

O macaco bebeu até se fartar. Por muitos dias a onça ficou ali. O macaco bebia quando queria e a bicharada, que sabia de tudo, ria muito dela.

A onça acabou cansando. Achou que o macaco tinha mudado de floresta. Foi embora furiosa, jurando que um dia ainda ia pegar aquele macaco.

Vera do Val. **Histórias da onça e do macaco**: folclore brasileiro. São Paulo: WMF Martins Fontes, 2009. p. 65-68.

1. Por que a onça queria pegar o macaco?
   - Releia o primeiro parágrafo. O que significa no texto esta frase da onça: "Ia ser pau-pau, pedra-pedra"?

2. O que a onça resolveu fazer para pegar o macaco?

3. O macaco não desistiu de beber água no riacho. Passou no corpo a resina de uma árvore e se enrolou nas folhas. Por que esse plano deu certo?

4. Quem conta a história **O bicho-folha**? Assinale a alternativa correta.

   ☐ Um narrador que participa da história (narração em 1ª pessoa).

   ☐ Um narrador que não participa das ações (narração em 3ª pessoa).

5. Neste trecho, quem está participando do diálogo?

   > — Quem vem lá? — berrou a onça.
   > — O bicho-folha — respondeu o macaco, engrossando a voz.
   > — Não é o macaco disfarçado? — perguntou a onça, se preparando para o bote.

   a) Como o leitor sabe quem está falando?
   b) Como o leitor sabe de que maneira a onça está fazendo a pergunta "quem vem lá"?
   c) O que o macaco fez com a voz?
   d) Como ficaria a história se o diálogo fosse composto apenas pelas falas das personagens, sem a intervenção do narrador?

6. Marque as frases com as letras correspondentes, identificando a sequência dos acontecimentos.

   (A) situação inicial   (B) conflito   (C) desfecho   (D) finalização

   ☐ A onça, cansada de esperar pelo macaco, desistiu de ficar na beira do riacho e foi embora.

   ☐ A onça estava cansada de ser enganada pelo macaco.

   ☐ O macaco conseguiu beber água no riacho, disfarçado de bicho-folha.

   ☐ Era tempo de seca na floresta e a onça proibiu o macaco de beber água no riacho.

DE PALAVRA EM PALAVRA

1. Releia este trecho do texto **O bicho-folha** e observe as expressões destacadas.

> **Um dia** a onça resolveu que ia pegar o macaco de qualquer jeito. Não aguentava mais ser enganada por ele. E **desta vez** ia ser na marra. Não ia arquitetar plano nenhum, pois **sempre** acabava mal para o lado dela.

a) As expressões destacadas indicam tempo ou lugar? _____

b) Circule a expressão que explica quando a onça resolveu pegar o macaco.

c) Grife a expressão que mostra que a onça vivia sendo enganada pelo macaco.

d) Qual é o sentido da expressão "Um dia"?

> Vamos relembrar?
> As palavras destacadas são chamadas de **marcadores temporais** e têm a função de indicar quando os fatos acontecem em uma narrativa. Também estabelecem a ordem dos acontecimentos.

2. Circule o marcador temporal deste trecho e explique sua função.

> A jararaca avisou a cotia e meia hora depois toda a floresta já sabia da proibição. O macaco ia morrer ou de sede, ou no bucho da onça. Estava perdido.

- Essa expressão indica:

☐ tempo cronológico definido.

☐ tempo cronológico indefinido.

3. Complete o texto com os marcadores temporais:

| quando | vários dias | depois de um tempo | era uma vez |

| muitos e muitos anos | assim que | na época | antes de |

A onça perversa e a ovelha sagaz

Olulu ofu oge, ou, melhor dizendo...
_____ uma onça bastante faminta. Havia _____ que não comia, pois estavam vivendo, _____, uma escassez de alimento. A fome era tanta que ela resolveu comer os filhotes da ovelha, sua velha amiga.

Sim, você está certo, isso não se faz com os amigos.

Como sabia que a ovelha estava fora, a onça foi até sua cabana procurar seus filhotes. Ela não sabia que a sagaz ovelha escondera as ovelhinhas dentro das sementes de palmeira espalhadas pelo chão.

_____ a onça desistiu da busca e pegou duas pedras para quebrar algumas das sementes e comê-las _____ ir embora.

Ela estava tão faminta!

_____ quebrou a primeira casca, a semente saiu, voou para fora da cabana e foi parar no meio do mato. A onça ficou bastante surpresa.

A segunda semente também voou da cabana para o mato, deixando-a ainda mais espantada.

_____, porém, a terceira semente deu um pulo e bateu nela antes de voar para o mato, a onça sentiu-se tão apavorada que saiu correndo da cabana e sumiu por _____.

Magdalene Sacranie. **O amuleto perdido e outras lendas africanas**. São Paulo: Panda Books, 2010. p. 83.

QUAL É A LETRA?

1. Releia este trecho da história do macaco e da onça e faça o que se pede.

> Por aquele dia ele aguentou. Ficou sem beber e matutando. No dia seguinte a sede apertou. Tinha que dar um jeito. [...] viu uma formiguinha descendo pelo tronco. Ia ligeira, carregando nas costas uma folha muito maior que ela. Nem dava para ver a formiguinha, parecia uma folha andando sozinha. Uma ideia brilhou na cabeça do macaco.

- Copie as palavras terminadas em **-ar**, **-er**.

_____

- Sublinhe as palavras terminadas em **-ou**.
- Circule as palavras terminadas em **-ndo**.

a) Essas palavras são:

☐ artigos. ☐ adjetivos. ☐ pronomes.
☐ substantivos. ☐ verbos.

b) Quais dessas palavras indicam ações que já aconteceram?

_____

2. Complete as frases com os verbos indicados entre parênteses, no tempo pretérito. **Atenção** Os verbos devem ter a terminação **-ou**.

a) O predador (devorar) _____ o bicho-folha!

b) Você já (tomar) _____ banho e (escovar) _____ os dentes?

c) A atleta (chorar) _____ porque (tropeçar) _____ e (quebrar) _____ o pé.

3. O que expressa o verbo destacado neste trecho?

> Estava lá, pendurado no seu galho, quando viu uma formiguinha **descendo** pelo tronco. Ia ligeira, carregando nas costas uma folha muito maior que ela.

☐ Expressa uma ação em curso, que está acontecendo.

☐ Expressa uma ação que aconteceu.

☐ Expressa uma ação que ainda acontecerá.

4. Observe o modelo e faça o mesmo com os verbos dos quadros para completar as frases.

responder ⟶ respondendo

pular   andar   lamber   vigiar   preparar

a) "Lá estava a onça, com cara de fome, _____ para lá e para cá, _____ os beiços e _____ a água."

b) "Aos guinchos, o macaco, desesperado, saiu _____ e conseguiu fugir."

c) "— Não é o macaco disfarçado? — perguntou a onça, se _____ para o bote."

5. Vamos jogar bingo? Siga as instruções.

- Desenhe em uma folha à parte uma cartela com três colunas e três linhas.
- Escolha nove das palavras sugeridas e escreva em sua cartela.

reclamar gritou vender gostou correndo limpando escrevendo
pulando cantou achou entregar sentindo desenhou
limpar falou estudar mostrar chorando

- O professor vai ler algumas dessas palavras. Marque com ✗ as que você escreveu na sua cartela.
- Se você for o primeiro a assinalar todas as palavras, diga: bingo!
- Se, além de completar a tabela com ✗, você escreveu corretamente as palavras, será o vencedor do jogo.

REDE DE LEITURA

Existem outros animais, além da onça e do macaco, que também tentam pregar peças uns nos outros. Leia este texto teatral e descubra quem são eles e o que aprontaram desta vez.

A Cabra e o Burro

Personagens:
Cabra
Burro
Fazendeiro
Veterinário

Cenário: um estábulo

A Cabra e o Burro estão num estábulo da fazenda. Entra o fazendeiro trazendo duas vasilhas com ração para os animais. A vasilha de ração do Burro é bem maior que a da Cabra.

FAZENDEIRO (*cantarolando*)
É hora do rancho
Que hora tão feliz
O de cima come o mato
O de baixo a raiz...

O Fazendeiro deixa as vasilhas de ração diante dos animais e sai. A Cabra não gosta da diferença de tratamento recebido e decide se vingar no pobre Burro.

CABRA (*falsamente*) Vida dura, essa sua, hein, amigo Burro?

BURRO É?

CABRA Quando não está girando o moinho, está puxando o arado. Quando não está puxando o arado, está carregando lenha. Quando não está carregando lenha, está puxando carroça...

BURRO É o meu trabalho, ué!...

CABRA Vou lhe dar um conselho: você precisa é de uma licença médica.

BURRO Licença médica?

CABRA É fácil: você arranja uma tosse, finge que está com pneumonia, que o ar da fazenda está fazendo mal pra você... (*à parte, para a plateia*) Aí, o patrão manda ele embora e sobra mais comida pra mim, he, he, he...

BURRO Não tô entendendo...

CABRA Deixa de ser burro, Burro! Ó, faz o seguinte: você se joga num buraco e quebra a perna, pronto! Vai por mim que vai dar tudo certo...

Passagem de tempo

(*Para simular essa passagem de tempo, Burro e Cabra podem dar um giro de 360° sobre si mesmos. Efeitos de luz — se houver — e sonoros, como som de tic-tac ou de alguém dando corda num relógio, também podem ser usados.*)

O Burro começa a tossir, espirrar e mancar, tudo ao mesmo tempo e desordenadamente. Entra o Fazendeiro, acompanhado do Veterinário.

FAZENDEIRO Ele caiu num buraco, Doutor. Parece que quebrou a perna...

VETERINÁRIO (*examinando a perna*) Humm... Parece que não há nada quebrado aqui, não: é só uma torção leve... (*examinando o peito do Burro*) Agora, o que me preocupa é essa tosse: parece que vai precisar de um remédio.

FAZENDEIRO Que remédio, Doutor?

VETERINÁRIO (*dando tapinhas nas costas do Burro*) Para acabar com tosse assim, só chá de pulmão de cabra!

Todos olham para a Cabra, assustada. Ela tenta fugir, mas o Fazendeiro a segura pelo pescoço.

CABRA (*desolada, para a plateia*) Quem deseja o mal para os outros acaba fazendo o mal a si mesmo. Me dei mal...

Cai o pano. Fim.

José Carlos Aragão. **Quando os bichos faziam cena**: fábulas de Esopo adaptadas para teatro. São Paulo: Planeta Infantil, 2012. p. 29-33.

1. Converse com os colegas e o professor sobre estas questões.

a) Quais são as semelhanças e diferenças entre os textos **O bicho-folha** e **A Cabra e o Burro**?

b) No conto **O bicho-folha** há um narrador que transmite informações ao leitor. Como isso é feito no texto teatral?

c) Como se dá a indicação das falas no texto teatral?

2. Que tal fazer uma leitura dramatizada dessa peça teatral? Combinem com o professor quem irá ler as falas de cada personagem e quem irá ler os textos em itálico.

CAPÍTULO 2

UMA HISTÓRIA DE OUTROS TEMPOS

- Você vai ler uma história que se chama **A serpente de ouro**. Pelo título, você consegue imaginar que tipo de história é essa? Será que é possível existir uma serpente de ouro?

A serpente de ouro

Certa vez, um negociante muito rico esqueceu, em meio à balbúrdia de um leilão, uma caixa de moedas de ouro. Dentro da caixa havia também uma joia, uma serpente de ouro maciço, com a qual ele pretendia negociar.

Um homem pobre que passava por lá viu a caixa ali esquecida e, sem saber a quem pertencia, levou-a consigo. Chegando à sua casa, muito surpreso ficou ao ver toda aquela fortuna; e afligiu-se, pensando em quem a teria perdido.

Quando deu pela falta do seu tesouro, o negociante desesperou-se e mandou apregoar por toda a cidade que daria, a quem devolvesse a caixa, dez moedas como recompensa.

A notícia chegou aos ouvidos do pobre, que, sem hesitar, apressou-se a devolver o que achara. Procurou o dono da caixa, mas este, depois de contar as moedas e ver que nada faltava, arrependeu-se da promessa que fizera e resolveu ludibriar o pobre homem.

— Muito bem! — exclamou. — Vejo que não há mais pessoas honestas neste mundo! Onde está a outra serpente?

— Outra serpente?!? — admirou-se o pobre. — Mas eu lhe juro que só havia uma!

Apregoar: anunciar em voz alta.
Leilão: venda pública de objetos em que o comprador é quem fizer a maior oferta.
Litigante: pessoa envolvida em uma disputa ou conflito.
Magnânimo: generoso, bondoso.

O rico, porém, continuou afirmando que eram duas as serpentes e que, portanto, não lhe daria nada, visto que o roubo equivalia, ou mesmo ultrapassava, às dez moedas prometidas.

O homem pobre, ofendido e magoado, foi procurar o rei e pedir-lhe ajuda. O rei mandou vir o negociante e ouviu dele a outra versão do acontecido. Os ministros e nobres da corte foram unânimes em dar razão ao rico, pois o outro, tão mal vestido, não lhes parecia digno de crédito; além disso, doía-lhes admitir que alguém, e não eles, recebesse a recompensa.

O rei, no entanto, ponderou que ambos podiam ter razão. E, não conseguindo decidir-se, mandou chamar um velho filósofo, conhecido por sua sabedoria e senso de justiça.

O filósofo ouviu os dois litigantes. O pobre pareceu-lhe sincero, mas não podia simplesmente decidir por ele, ofendendo o rico negociante. Então, assim se dirigiu ao rei:

— Creio, ó majestade magnânima, que os dois estão dizendo a verdade. O que encontrou a caixa não pode estar mentindo, pois por que devolveria ele parte do tesouro se podia ficar com tudo? Esta me parece uma prova de sua honradez. O dono da caixa, por outro lado, é rico e não tem motivos para mentir. Se ele diz que na sua caixa havia duas serpentes de ouro, é porque esta caixa que foi encontrada não é a dele. Sugiro, assim, majestade, que se deem dez moedas ao pobre e que se guarde a caixa até aparecer o seu legítimo dono; quanto ao negociante, que continue a busca a seu tesouro!

Ouvindo aquilo, o homem rico soltou um lamento arrependido e confessou tudo.

O rei perdoou-lhe, porém ordenou que desse ao pobre, além das dez moedas, a valiosa serpente de ouro, como recompensa pelas injúrias que sofrera.

Rosane Pamplona. A serpente de ouro. **Novas histórias antigas**. São Paulo: Brinque-Book, 2006. p. 55-57.

1. A história que você leu faz parte de um livro chamado **Novas histórias antigas**. O que você entendeu desse título?

2. Quem narra a história?

☐ Um narrador-observador, que conta a história na 3ª pessoa.

☐ Um narrador-personagem, que conta a história na 1ª pessoa.

> O narrador pode participar da história como personagem (**narrador-personagem** — narrativa em 1ª pessoa) ou contar os fatos (**narrador-observador** — narrativa em 3ª pessoa).

3. Quem são as personagens da história?

_____

_____

4. Onde se passa a história?
- Como é possível descobrir?

5. Qual é o conflito que modifica a situação inicial da história e faz com que ela se desenvolva?

_____

_____

6. Por que o homem pobre procurou o rei?

_____

_____

7. Converse com um colega sobre estas questões.

a) Comente a atitude do homem pobre ao devolver a caixa.

b) O que você achou da solução dada pelo filósofo? Se você estivesse no lugar dele, que outra solução daria?

c) Comente a atitude do negociante rico ao dizer que faltava uma serpente de ouro na caixa.

8. Releia estes trechos da história e observe as palavras destacadas.

> Um homem pobre que passava por lá viu a caixa ali esquecida e, sem saber a quem pertencia, levou-a consigo.

> Procurou o dono da caixa, mas este, depois de contar as moedas e ver que nada faltava, arrependeu-se da promessa que fizera e resolveu ludibriar o pobre homem.

• A palavra pobre tem o mesmo significado nesses trechos? Converse com os colegas e o professor.

9. Releia este outro trecho e observe a expressão destacada.

> Certa vez, um negociante muito rico esqueceu, em meio à balbúrdia de um leilão, uma caixa de moedas de ouro. Dentro da caixa havia também uma joia, uma serpente de ouro maciço, com a qual ele pretendia negociar.
>
> Um homem pobre que passava por lá viu a caixa ali esquecida e, sem saber a quem pertencia, levou-a consigo. Chegando à sua casa, muito surpreso ficou ao ver toda aquela fortuna; e afligiu-se, pensando em quem a teria perdido.
>
> Quando deu pela falta do seu tesouro, o negociante desesperou-se e mandou apregoar por toda a cidade que daria, a quem devolvesse a caixa, dez moedas como recompensa.

a) Circule no texto outras palavras que foram usadas no lugar da expressão destacada sem alterar o sentido do texto.

b) Qual é a função dessas substituições?

PALAVRAS NO DICIONÁRIO

1. Leia estas palavras do texto **A serpente de ouro**.

| balbúrdia | afligiu | unânimes | ludibriar | legítimo |

- Circule as palavras que poderiam ser verbetes de um dicionário. Justifique sua escolha.

2. De que forma podemos encontrar em um dicionário o significado das palavras da atividade 1 que não entram como verbetes?

_____

3. Leia com o professor as definições dos verbetes da atividade 1.

balbúrdia (bal.búr.dia) *s.f.* 1. Grande desordem, geralmente acompanhada de vozerio; algazarra; tumulto: *a balbúrdia do trânsito*. 2. Situação confusa ou complicada: *Minha vida está uma balbúrdia*.

<small>Dicionário escolar da língua portuguesa. Academia Brasileira de Letras. São Paulo: Nacional, 2008. p. 191.</small>

afligir (a.fli.gir) *v.* 1. Causar tristeza a; angustiar; atormentar: *A notícia do desabamento do edifício me afligiu*. 2. Causar dor física a; torturar: *A ferida aberta o afligia*. 3. Sentir aflição a; agoniar-se; contristar-se: *Ao chegar, afligiu-se com a guerra civil que assolava o país*. [...]

<small>Dicionário escolar da língua portuguesa. Academia Brasileira de Letras. São Paulo: Nacional, 2008. p. 109.</small>

ludibriar (lu.di.bri.ar) *v.* 1. Enganar; iludir; burlar: *Ludibriavam os fregueses vendendo gato por lebre*. 2. Tratar com ludíbrio; zombar de: *Os alunos antigos ludibriavam os novatos com brincadeiras de mau gosto*. [...]

<small>Dicionário escolar da língua portuguesa. Academia Brasileira de Letras. São Paulo: Nacional, 2008. p. 798.</small>

unânime (u.nâ.ni.me) *adj.* 1. Que é da mesma opinião dos demais: *Foi uma opinião unânime*. 2. Em que há concordância geral: *Não esperava que a concordância fosse unânime*. — **unanimidade**. *s.f.*

<small>Dicionário escolar da língua portuguesa. Academia Brasileira de Letras. São Paulo: Nacional, 2008. p. 1265.</small>

legítimo (le.gí.ti.mo) *adj.* 1. Conforme a lei, legal (*filho legítimo; negócio legítimo; procedimento legítimo*); 2. autêntico, verdadeiro, original (*CD legítimo*); 3. que é justo, fundamentado [...]

<small>**Saraiva Jovem**: dicionário da língua portuguesa ilustrado. São Paulo: Saraiva, 2010. p. 638.</small>

4. Releia estes trechos do texto **A serpente de ouro**. Observe as palavras destacadas e escreva os significados mais adequados ao contexto da história.

a) "Certa vez, um negociante muito rico esqueceu, em meio à **balbúrdia** de um leilão, uma caixa de moedas de ouro."

_____

b) "Chegando à sua casa, muito surpreso ficou ao ver toda aquela fortuna; e **afligiu-se**, pensando em quem a teria perdido."

_____

c) "Procurou o dono da caixa, mas este, depois de contar as moedas e ver que nada faltava, arrependeu-se da promessa que fizera e resolveu **ludibriar** o pobre homem."

_____

d) "Os ministros e nobres da corte foram **unânimes** em dar razão ao rico [...]."

_____

e) "Sugiro, assim, majestade, que [...] se guarde a caixa até aparecer o seu **legítimo** dono [...]."

_____

5. Reúna-se com um colega e conversem sobre estas questões.

a) Ao procurar uma palavra no dicionário, é possível saber a que classe gramatical a palavra pertence?

b) As indicações da classe gramatical aparecem da mesma forma nos dicionários?

c) Que outras informações os verbetes podem apresentar?

DE PALAVRA EM PALAVRA

1. Releia este trecho do texto **A serpente de ouro**.

> — Muito bem! — exclamou. — Vejo que não há mais pessoas honestas neste mundo! Onde está a outra serpente?
> — Outra serpente?!? — admirou-se o pobre. — Mas eu lhe juro que só havia uma!

a) Que sinais de pontuação aparecem no final de cada frase?

b) Explique a função de cada um desses sinais.

c) Repare que, na primeira frase do segundo parágrafo, o autor utilizou ponto de exclamação e ponto de interrogação ao mesmo tempo. O que isso sugere?

2. Observe o travessão destacado nesta frase. O que ele indica?

> — Outra serpente?!? — admirou-se o pobre. — Mas eu lhe juro que só havia uma!

3. Observe que o narrador pode apresentar a fala para explicar de quem é. Veja este exemplo.

> O pobre admirou-se:
> — Outra serpente?!? Mas eu lhe juro que só havia uma!

- Agora, faça a mesma alteração neste trecho.

> — Muito bem! — exclamou. — Vejo que não há mais pessoas honestas neste mundo! Onde está a outra serpente?

4. Releia agora outro trecho do texto **A serpente de ouro**.

> — Creio, ó majestade magnânima, que os dois estão dizendo a verdade.

- Qual é a função das vírgulas nesse trecho?

5. Analise com um colega estas duas frases.

   a) O filósofo do rei Abelardo solucionou a disputa.

   b) O filósofo do rei, Abelardo, solucionou a disputa.

- Agora, respondam: Quem se chama Abelardo? É o rei ou o filósofo?

6. Analise o trecho:

> O rei chamou o filósofo, os conselheiros, o comerciante e o homem.

- Qual a função da vírgula no trecho?

> A vírgula pode ter diferentes funções. Veja algumas:
> - **Separar o termo usado para chamamento (vocativo).**
>   Exemplo: Mamãe, comi tudo!
> - **Separar um trecho para explicar, esclarecer ou especificar melhor o termo anterior (aposto).**
>   Exemplo: O filósofo, homem sábio e experiente, solucionou o problema.
> - **Separar ações ou elementos enumerados em uma frase.**
>   Exemplos: Marcelo levantou, escovou os dentes, vestiu-se e tomou café.
>   Minhas frutas preferidas são: mamão, goiaba, pera e laranja.

7. A vírgula ou a falta de uma vírgula pode mudar o sentido de um texto e às vezes causar uma grande confusão. Leia estas frases.

> — Não vou lhe dar a recompensa.
> — Não, vou lhe dar a recompensa.

- A vírgula mudou o sentido da frase? Explique.

QUAL É A LETRA?

1. Separe as sílabas destas palavras.

muito → _____   rainha → _____

caixa → _____   outra → _____

esqueceu → _____ ouro → _____

moedas → _____   rei → _____

pertencia → _____ notícia → _____

• Circule as sílabas que apresentam duas vogais seguidas.

2. Veja se você desvenda os enigmas. Escreva a palavra.

> **Pista** Todas as palavras apresentam encontro de vogais.

a) Serve para ouvir música e notícia.

_____

b) Instrumento usado para fazer traços e para medir.

_____

c) Sentimos quando alguém querido está longe.

_____

d) Líquido incolor próprio para beber.

_____

e) Usa-se para lavar roupas.

_____

3. Escreva, com um colega, seis palavras que apresentem vogais seguidas na mesma sílaba.

_____

_____

• Circulem as sílabas que mostram os encontros de vogais.

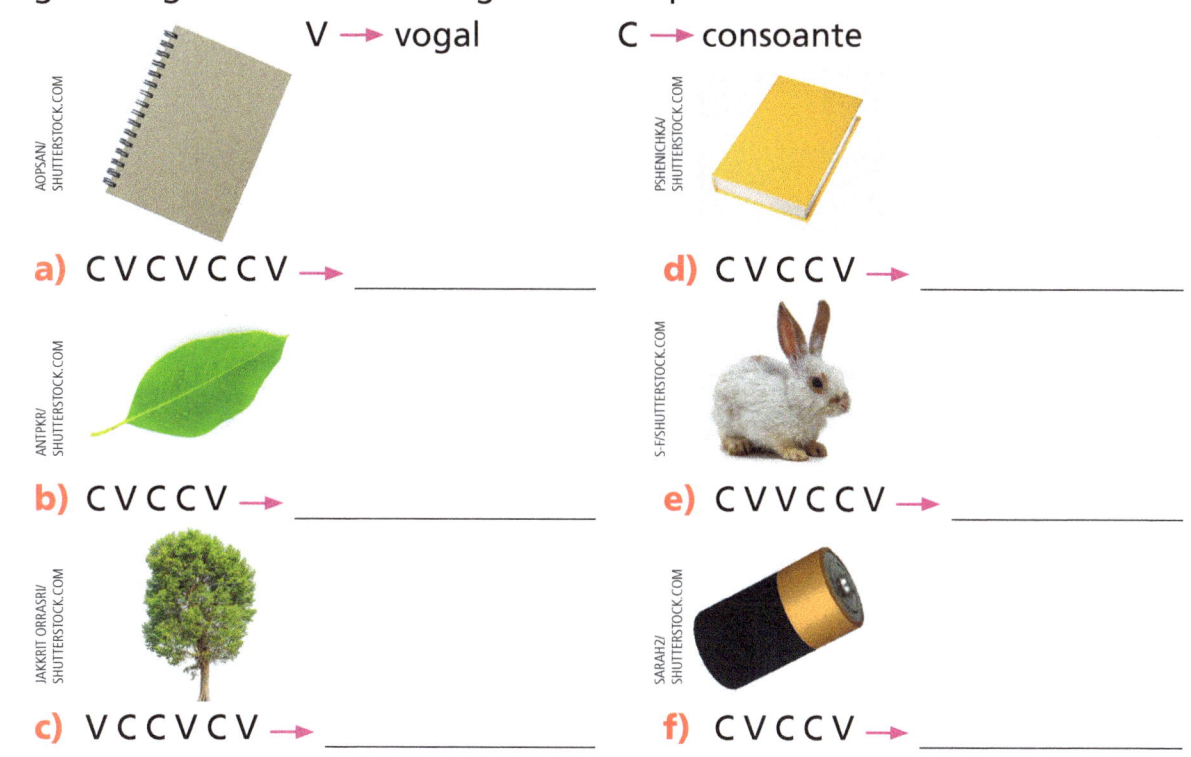

4. Reúna-se com um colega para descobrir palavras de acordo com os códigos a seguir. Dica: cada imagem é uma pista.

V → vogal   C → consoante

a) C V C V C C V → _____

b) C V C C V → _____

c) V C C V C V → _____

d) C V C C V → _____

e) C V V C C V → _____

f) C V C C V → _____

5. Escreva as palavras que você descobriu na atividade 4 separando as sílabas.

_____

_____

- Circule as sílabas em que as consoantes ficam juntas.

6. Escolha um colega para jogar. Sigam as orientações.

- Escrevam no caderno oito palavras que apresentem encontro de vogais ou encontro de consoantes na mesma sílaba.
- Em uma folha à parte, coloquem o código de vogais e consoantes de cada palavra que vocês escreveram.
- Juntem-se a outra dupla. Vocês terão de adivinhar as palavras dos colegas e vice-versa.
- Elaborem algumas pistas para ajudar a outra dupla a descobrir as palavras que vocês escreveram.
- Observem se a dupla vai precisar das pistas ou descobrirá outra palavra que segue o código.
- Cada palavra descoberta sem ajuda da pista vale dez pontos. As palavras que precisarem de pista valem cinco pontos.

MÃO NA MASSA!

Os textos que você leu nesta unidade são contos populares.

O conto popular é uma narrativa de tradição oral e, em geral, sua autoria é desconhecida.

Contadas de geração em geração, essas narrativas circulam por muito tempo. À medida que o tempo passa, é comum que sejam modificadas, ainda que sutilmente, e que surjam novas personagens, típicas da região em que são contadas.

Hoje, muitas dessas histórias são registradas e publicadas em livros, em revistas e em páginas da internet, por exemplo. Isso permite que sejam conhecidas por diversas pessoas, de diferentes regiões e culturas.

Algumas características do conto popular:

- A narrativa é curta.
- Não há muitas personagens.
- Há um conflito que modifica a situação inicial da história. No final, esse conflito é resolvido. Algumas vezes essa resolução é mágica.
- O conflito, situação que provoca o desenvolvimento da história, em geral significa um desafio para as personagens.
- O narrador pode participar da história como personagem (narrador-personagem — narrativa em 1ª pessoa) ou contar os fatos (narrador-observador — narrativa em 3ª pessoa).

1. Qual é o conflito que modifica a situação inicial dos contos populares lidos nesta unidade?

    a) Quais personagens conseguem se sair bem nesses contos? Por quê?

    b) Descreva a finalização de cada conto.

2. Agora você vai escolher uma das personagens — a onça ou o macaco — para ser o narrador da história O bicho-folha. Será um narrador-personagem.

    a) Antes de começar a escrever o seu texto, releia a história.

    b) Agora, conte aos colegas e ao professor quem você escolheu e por quê.

c) O início da história já está pronto. Copie em uma folha à parte o início referente à personagem que você escolheu e dê continuação ao conto.

A onça

Um dia, cansada de ser enganada pelo macaco, tive uma grande ideia.

No final da tarde, fui até a beira do único riacho da floresta e chamei a jararaca. Contei a ela que o macaco estava proibido de beber água naquele lugar.

Eu tinha certeza de que ele não aguentaria e, no outro dia, bem cedinho, apareceria por lá. Deitei-me à beira do riacho e esperei.

O macaco

A onça pensa que um dia vai conseguir me pegar! Coitada! Ela tem força, mas eu sou muito esperto.

Certo dia a onça espalhou pela floresta a notícia de que eu não poderia beber água no riacho. Não me apavorei. Mas, no dia seguinte, a sede aumentou e eu tinha que pensar em um jeito de despistar aquele bicho de pintas pretas...

Do alto da árvore eu vi uma formiguinha carregando uma folha e então pensei: por que não me disfarçar de bicho-folha?

ILUSTRAÇÕES: ADILSON FARIAS

> **Atenção**
> - Organize a história em parágrafos.
> - Utilize os sinais de pontuação adequados.
> - Empregue marcadores temporais para dar sequência aos acontecimentos.
> - Dê um título ao seu texto.

DE OLHO NO TEXTO

1. Releia a história que você escreveu e verifique se precisa de reformulação.

Em relação à história
Narrador: onça

	Sim	Não
Contou o primeiro plano do macaco e como ele fracassou?		
Contou o segundo plano do macaco e como ele conseguiu o que queria?		
Deu um final para a história? Contou como desistiu de esperar pelo macaco?		

Narrador: macaco

	Sim	Não
Contou o que aconteceu na primeira vez que foi ao riacho disfarçado de bicho-folha?		
Contou como conseguiu beber água sem que a onça conseguisse descobrir?		
Deu um final para a história? Contou como a onça reagiu?		

É importante lembrar!

	Sim	Não
O narrador participa da história (narrativa em 1ª pessoa)?		
O narrador expressa seus sentimentos em relação aos fatos e atitudes da outra personagem?		

Em relação à escrita

	Sim	Não
Utilizou os sinais de pontuação nas frases?		
Deixou distância da margem para marcar os parágrafos?		
As palavras estão escritas corretamente?		
Empregou marcadores temporais para dar sequência aos fatos apresentados?		

2. Troque de texto com um colega. Vocês vão ler a história um do outro e dar opiniões e sugestões para melhorá-la.

3. Aproveite as sugestões do colega e verifique se o texto ainda precisa ser melhorado para ficar coerente e se é preciso acrescentar informações ou modificá-las.

4. Reescreva a história em uma folha à parte. Faça as alterações necessárias.

5. Depois da reescrita, o professor vai ler alguns dos textos produzidos por vocês. Acompanhe a leitura e analise os textos de acordo com as questões.

Narrador: macaco

a) O macaco conseguiu mostrar ao leitor que, apesar de a onça ser forte, corajosa, ele foi mais esperto?

b) Deixou claras sua persistência e habilidade em enganar a onça?

c) Demonstrou, em algum momento da história, ser uma vítima da onça?

d) Que palavras ou expressões empregadas no texto mostram opiniões e sentimentos do macaco em relação à onça?

Narrador: onça

a) A onça conseguiu demonstrar o quanto estava brava e cansada das artimanhas do macaco?

b) Mostrou que é um animal forte, corajoso e o mais temido da floresta?

c) Ela conseguiu convencer o leitor de que o macaco é enganador?

d) Que palavras ou expressões empregadas no texto mostram opiniões e sentimentos da onça em relação ao macaco?

ORALIDADE EM AÇÃO

1. Você e os colegas do grupo vão encenar o conto **A serpente de ouro**. Sigam as instruções.

- Releiam a história com atenção.
- Escrevam em uma folha à parte os nomes das personagens que participam da história.
- Conversem sobre a participação de cada uma das personagens. Depois, escrevam na mesma folha as principais ações de cada uma delas.
- Observem o jeito de ser de cada personagem a partir de suas ações.
- Decidam juntos quem será o negociante, o pobre, os ministros e nobres da corte, o filósofo e o rei.

2. Conversem sobre o figurino que usarão para representar cada personagem. Vocês podem trazer roupas emprestadas pelos seus familiares ou amigos.

Os acessórios (a caixa com as moedas e a serpente de ouro e a coroa do rei) podem ser confeccionados na escola.

3. Os grupos podem decidir com o professor se haverá cenário ou não.

4. Cada componente do grupo deve escrever em uma folha à parte:
- Os nomes das personagens.
- A descrição do cenário, se houver.
- As falas do narrador.
- As falas das personagens.

Descrever as ações das personagens e suas expressões em cada situação: ficar alegre, triste, com raiva, preocupado.

Retomem o texto teatral da seção **Rede de leitura**. Observem a composição e a disposição gráfica do texto e façam, com a ajuda do professor, as adaptações necessárias antes de iniciar os ensaios.

ILUSTRAÇÕES: EDUARDO MEDEIROS

5. É hora de ensaiar.

a) Fique atento à sequência da história. Observe o momento em que você deve falar ou realizar alguma ação.

b) Você precisa memorizar o que vai falar. Leve para casa suas anotações e treine bastante!

6. Leia estas sugestões para o dia da apresentação.

- Pronuncie bem as palavras.
- Fale alto para que todos possam ouvir.
- Faça os gestos adequados às ações realizadas pela personagem.
- Expresse seus sentimentos.
- Observe sua postura, de modo que o público consiga enxergar o que está sendo encenado.

7. Combine com o professor e os colegas quando e onde será a apresentação e quem será convidado.

FIQUE LIGADO

Histórias da onça e do macaco, recontadas por Vera do Val, Martins Fontes.
   O que o macaco faz para deixar a onça tão irritada? Nesse livro, a autora reconta as mais incríveis peripécias desses antigos inimigos.

Histórias da tia Nastácia, de Monteiro Lobato, Globo.
   Tia Nastácia, personagem de Monteiro Lobato, é uma cozinheira de mão-cheia, famosa por seus deliciosos bolinhos e pelas histórias do folclore brasileiro que ela conta às crianças do Sítio do Picapau Amarelo. Conheça você também essas histórias.

Lá vem história II – 20 histórias do folclore brasileiro com Bia Bedran, Multimídia.
   Esse DVD traz histórias como "A estrela do mar", "Como surgiu a noite", "O pulo do gato" e outros contos do folclore brasileiro para você escutar e se divertir.

IDEIA PUXA IDEIA

1. Observe estas fotografias.

Brincantes do bumba meu boi em São Luís (MA), 2008.

a) Descreva o que você vê nas imagens.

b) As fotografias retratam uma festa popular brasileira. Você sabe qual é?

2. Leia este texto para conhecer a história dessa festa.

Boi-bumbá

[...] No Brasil, as festas de bois existem por todo o país, mas o boi-bumbá entrou no Norte levado pelos nordestinos, onde, sob o nome de bumba meu boi, é mantido por toda a parte. [...]

Entram no meio da história a Iara, o Boto-Tucuxi, a Lagarta-de-Fogo, a Cobra-Grande e muitos outros mitos regionais, juntando-se aos que vieram do Nordeste.

Juntos, eles representam uma história que, com algumas variações, é quase sempre a mesma: Mãe Catirina está grávida e tem o desejo de comer língua de boi. Pai Francisco, com medo de o filho não nascer com saúde, satisfaz o desejo da mulher e mata o boi do rebanho de seu patrão, só que este descobre e manda prendê-lo. Pai Francisco sofre muito, sendo salvo pelo pajé e pelo padre [...], que conseguem, também, ressuscitar o boi. O patrão perdoa Pai Francisco e tudo se transforma em festa e comemoração.

Com essa história simples, enriquecida por ritmos, cores e muita gente, realiza-se, todos os anos, no final de junho, em Parintins, na ilha de Tupinambarana, a 420 quilômetros de Manaus, um festival que é um dos maiores atrativos culturais e artísticos do Norte do Brasil.

Em Parintins participam apenas dois "bois", o Caprichoso e o Garantido, cada um, entretanto, integrado por mais de três mil dançantes que desfilam, durante três dias, para um público acima de cem mil pessoas, num bumbódromo, construído em formato de cabeça de boi e com capacidade para 40 mil pessoas.

A torcida se divide entre os dois, do mesmo modo como acontece com as escolas de samba e com os times de futebol. Até nas cores – o vermelho do Garantido e o azul do Caprichoso.

Carlos Felipe de Melo Marques Horta. **O grande livro do folclore**. Belo Horizonte: Leitura, 2000. p. 41.

a) Como a festa do boi-bumbá chegou à Região Norte do Brasil?

b) O nome dado a essa festa é o mesmo em todas as regiões citadas no texto?

- Faça uma pesquisa e descubra se existem outros nomes dados a essa festa e se a história é a mesma ou não nas diferentes regiões.

3. Em sua cidade existe alguma festa que representa a cultura popular? Como ela é e em que época do ano acontece?

4. Você e seu grupo vão pesquisar uma festa popular do Brasil. O professor vai dar orientações e sortear uma destas festas para seu grupo. Pesquisem as origens, músicas, danças, roupas e enfeites tradicionais.

Grupo de Folia de reis (Aparecida/SP, 2014.)

Apresentação de Carimbó (Santarém/PA, 2017).

Catira (São Luiz do Paraitinga/SP, 2014).

Festa do divino (Vila Bela da Santíssima Trindade/MT, 2014).

Maracatu (Aliança/PE, 2015).

Congada (Antonina/PR, 2017).

UNIDADE 5
VAMOS VIAJAR?

Converse com os colegas e responda às questões.

1. Você já planejou uma viagem? O que é necessário fazer antes de viajar?

2. Que lugares você gostaria de conhecer?

3. Como você faria os registros de sua viagem?

CAPÍTULO 1
PREPARANDO A VIAGEM

- Você já fez um diário de viagem ou escreveu sobre um local que visitou?

As meninas Laura, Tamara e Marininha Klink, filhas do navegador Amyr Klink, registraram em um livro a viagem que fizeram com a família para a Antártica.

Leia um trecho do registro feito por elas.

Partir

Nascemos numa família que gosta de viajar de barco, e muito. Crescemos enquanto nosso pai construía um novo veleiro, o Paratii 2. Pessoas que nunca tinham visto um barco antes também participaram da sua construção, que aconteceu devagar, longe do mar e com muito esforço. Quando ficou pronto, tornou-se famoso pelas viagens que fez e por ser um dos barcos mais modernos do mundo. Nossa mãe sabia que o barco era seguro e que poderia levar toda a nossa família. Então pediu para irmos todos juntos numa próxima vez e nosso pai concordou! Ficamos felizes porque, finalmente, não ficaríamos na areia da praia dando tchau.

Partimos para uma longa viagem e deixamos nossos avós com saudades. Viajamos para um lugar que muitas pessoas nem imaginam como é. Para chegarmos lá, balançamos para cima e para baixo, para um lado e para o outro, com movimentos nem um pouco agradáveis, nada parecidos com os que experimentamos em terra firme.

Fomos para um continente que não tem dono, bandeira ou hino, onde sentimos temperaturas abaixo de zero. Dizem que ali é tudo branco e só tem gelo, mas enquanto viajávamos fomos descobrindo muitas cores e diferentes tons de branco.

[...]

Kit de sobrevivência

Todo lugar é especial e interessante para se começar uma história. Esta começa no nosso quarto. É lá que fica o armário onde fazemos nossas primeiras "escavações" para achar tudo o que precisamos levar. E não são poucas coisas! Luvas, gorros, capas, roupas grossas, roupas de tecido que grudam no corpo (segunda pele), botas, óculos escuros, protetor solar... Nada pode ser esquecido, porque na Antártica não tem nenhuma lojinha para comprar o que deixamos para trás.

Irmãs Klink com pinguim-papua.

Aprendemos com a nossa mãe que não existe tempo ruim; existe roupa inadequada. Ela nos contou que em uma de suas viagens para lugares frios encontrou uma moça com seu bebê na rua. Acostumada a ver crianças passearem em dias ensolarados tipicamente tropicais, ela ficou impressionada ao ver um pequeno bebê passeando tranquilamente em seu carrinho pela rua coberta de neve, que mais parecia uma imensa "geladeira", ao invés de estar bem quentinho dentro de casa. Mas não havia com que se preocupar, pois o bebê estava com a roupa certa para aquele inverno rigoroso.

A preparação dessa viagem exige atenção com a segurança o tempo todo. Estar seguro na Antártica é diferente de estar seguro na cidade. Numa cidade, parece que tudo está perto, inclusive os guardas que multam, os carros e os perigos. Na Antártica, ganhamos liberdade. Mas sempre temos que ter o cuidado de nos proteger do frio e da fome. Para enfrentar o que vem pela frente temos que estar sempre bem preparados.

Laura, Tamara e Marininha Klink. **Férias na Antártica**. São Paulo: Grão, 2010. p. 9 e 11.

1. Na sua opinião, o fato de as meninas serem filhas de um navegador que já realizou 15 expedições para a Antártica influenciou na escolha da viagem?

   a) Explique por que as meninas ficaram felizes de poder acompanhar o pai em uma viagem.

   b) No terceiro parágrafo elas comentam que iriam para um lugar "que não tem dono, bandeira ou hino". O que isso significa? Conte sua opinião aos colegas e ao professor.

   c) Em que momento da narrativa é possível saber para onde as meninas foram? Sublinhe o trecho no texto.

2. O item *Kit de sobrevivência* mostra a preparação da viagem das irmãs Klink. Por que elas consideraram relevante fazer esse registro?

   • As irmãs comentam que "todo lugar é especial e interessante para se começar uma história". Você concorda com essa afirmação? Explique.

3. Releia esta frase do relato.

   > Aprendemos com a nossa mãe que não existe tempo ruim; existe roupa inadequada.

   a) O que significa **inadequada**? Consulte o dicionário.

   _____

   _____

   b) Assinale por que é necessário se preocupar em levar roupas adequadas para uma viagem para a Antártica.

   ☐ Não existe nenhuma lojinha na Antártica onde se possam comprar roupas.

   ☐ Apesar da sensação de liberdade, é necessário se proteger do frio.

   ☐ Quem está acostumado com o frio não precisa se preocupar.

4. Leia o trecho da reportagem seguinte e depois responda às questões.

Antártica

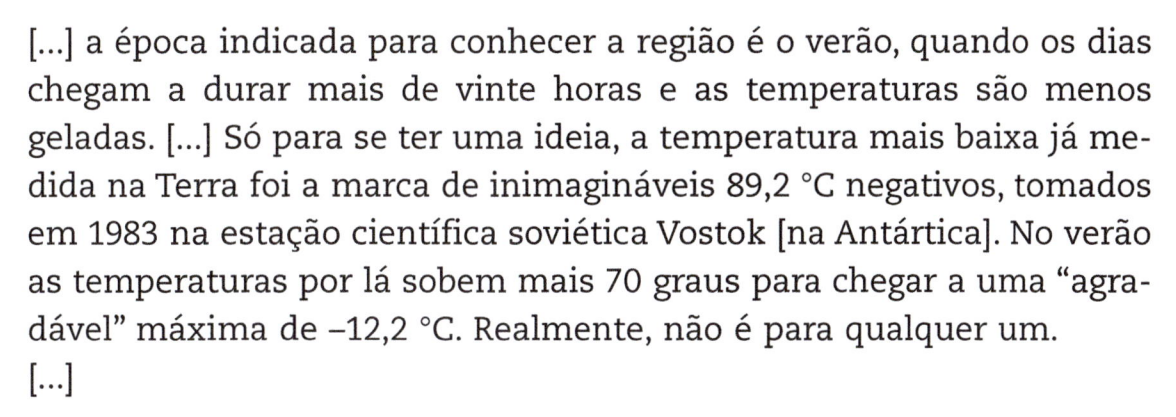

[...] a época indicada para conhecer a região é o verão, quando os dias chegam a durar mais de vinte horas e as temperaturas são menos geladas. [...] Só para se ter uma ideia, a temperatura mais baixa já medida na Terra foi a marca de inimagináveis 89,2 °C negativos, tomados em 1983 na estação científica soviética Vostok [na Antártica]. No verão as temperaturas por lá sobem mais 70 graus para chegar a uma "agradável" máxima de –12,2 °C. Realmente, não é para qualquer um.
[...]

ANTÁRTICA. **Viagem e turismo**. São Paulo: Abril, 2017. Disponível em: <https://viagemeturismo.abril.com.br/paises/antartica/>. Acesso em: 20 set. 2017.

a) Por que o verão é a época mais indicada para conhecer a Antártica?

_____

_____

b) Explique o significado da expressão destacada no trecho a seguir:

> No verão as temperaturas por lá sobem mais 70 graus para chegar a uma "agradável" máxima de –12,2 °C. Realmente, **não é para qualquer um**.

_____

_____

DIVERSÕES NA VIAGEM

O que será que as meninas Laura, Tamara e Marininha faziam para se distrair durante a viagem à Antártica? Será que elas brincavam?

Leia mais um trecho do livro **Férias na Antártica** e descubra.

Brincadeiras a bordo

Na Antártica, o tempo muda muito rápido, e um lugar paradisíaco, com sol, mar calmo e bem lisinho, pode, de repente, se transformar totalmente com a chegada de uma forte tempestade!

Às vezes, ficamos horas, ou dias, sem poder ir para o lado de fora do barco por causa do vento, então procuramos alguma coisa para fazer dentro do barco. Brincamos de teatro, de lojinha, inventamos jogos, cozinhamos, assistimos a filmes. Como não tem TV, é comum assistirmos a um filme que uma de nós gostou muitas vezes. Vemos até saber o filme todo de cor! Uma das nossas brincadeiras é improvisar patins, colocando papel debaixo dos pés para escorregar enquanto o barco balança. Mas de vez em quando não dá muito certo...

Quando o tempo melhora, dá pra sair para brincar e ver o que tem lá fora. Há brincadeiras que só podem ser feitas em lugares como a Antártica: inclinar para trás contra o vento sem cair no chão; pegar pedaços compridos de gelo que ficam pendurados nas bordas de pedras grandes e fingir que são picolés; imaginar esculturas nos *icebergs*, como as pessoas fazem quando olham as nuvens; improvisar escorregadores; fazer bonecos de neve; pular do alto de morros gelados na neve fofa; fazer *snowboard*; construir labirintos, esconderijos e até uma casa de gelo.

Irmãs Klink e amigos na casa de gelo que construíram.

Paradisíaco: extremamente agradável, encantador.

Snowboard: esporte radical no qual o participante, sobre uma prancha, desliza na neve fazendo manobras.

Laura, Tamara e Marininha Klink. **Férias na Antártica**. São Paulo: Grão, 2010. p. 18-21.

1. Quando não podiam ir para o lado de fora do barco por causa do vento, o que as meninas faziam para passar o tempo e se divertir?

    • Quando saíam do barco, elas faziam brincadeiras que só podem ser feitas em lugares como a Antártica. Por quê?

2. Observe como o texto foi escrito. O que o caracteriza como um relato de viagem? Assinale a(s) alternativa(s) adequada(s).

    ☐ As meninas contam o que fizeram em alguns dias da viagem.

    ☐ As meninas explicam como era sua rotina durante a viagem.

    ☐ As meninas contam suas impressões sobre o lugar que viram.

    ☐ As meninas registram as datas e os eventos.

3. Os trechos que você leu foram publicados em livro. Qual o nome do livro? Que editora o publicou? Em que data?

    _____

    _____

    _____

    • Qual seria o público-alvo desse livro?

4. Leia este outro trecho do relato das irmãs Klink e converse com os colegas e o professor sobre as questões propostas.

> Depois de devorar todos os livros que trouxe, descobri no barco um de receitas culinárias e de etiqueta à mesa. Li o livro inteiro e resolvi fazer as receitas. Mas no barco é preciso improvisar com os ingredientes que temos. Isso acaba virando uma brincadeira que às vezes dá certo; outras vezes percebo que os adultos falam que ficou bom só por educação.
>
> Tamara
>
> Laura, Tamara e Marininha Klink. **Férias na Antártica**. São Paulo: Grão, 2010. p. 22.

a) Você sabe o que significa "etiqueta à mesa"?

b) Por que às vezes os adultos dizem que "ficou bom só por educação"?

DE PALAVRA EM PALAVRA

1. Releia este trecho do relato de viagem e circule os adjetivos.

> Ela nos contou que em uma de suas viagens para lugares frios encontrou uma moça com seu bebê na rua. Acostumada a ver crianças passearem em dias ensolarados tipicamente tropicais, ela ficou impressionada ao ver o pequeno bebê passeando tranquilamente em seu carrinho pela rua coberta de neve [...].

a) A quais substantivos esses adjetivos se referem?

b) Se o bebê fosse muito pequeno, como poderíamos descrevê-lo utilizando apenas um adjetivo?

_____

c) Como ficariam os adjetivos **ensolarados** e **impressionada** se indicassem a intensidade de suas características?

_____
_____

2. Como ficarão os adjetivos a seguir se quisermos intensificar a qualidade que eles representam?

bela → _____   quieto → _____

esquisito → _____   alegre → _____

> Para intensificar a qualidade de um adjetivo, acrescentamos a terminação **-íssimo** ou **-íssima**.
>
> Essa ideia também pode ser representada com o auxílio de palavras como **muito**, **extremamente**, **bastante**, entre outras. Leia os exemplos:
>
> **muito** quente   **extremamente** quente   **bastante** quente

142

3. Releia este outro trecho do relato de viagem das irmãs Klink.

> [...] ela ficou impressionada ao ver o pequeno bebê passeando tranquilamente em seu carrinho pela rua coberta de neve, que mais parecia uma imensa "geladeira", ao invés de estar bem quentinho dentro de casa.

a) Qual das palavras destacadas é adjetivo? Circule.

b) Que ideia a terminação -inho acrescentou ao adjetivo quente?

☐ A ideia de algo muito pequeno.

☐ A ideia de algo maior.

☐ A ideia de intensificação da qualidade.

☐ A ideia de afetividade.

c) De acordo com as alternativas anteriores, responda:
- De que maneira a utilização da terminação -inho nos adjetivos pode contribuir para a escrita dos textos?

4. Relacione os substantivos aos adjetivos que podem caracterizá-los.

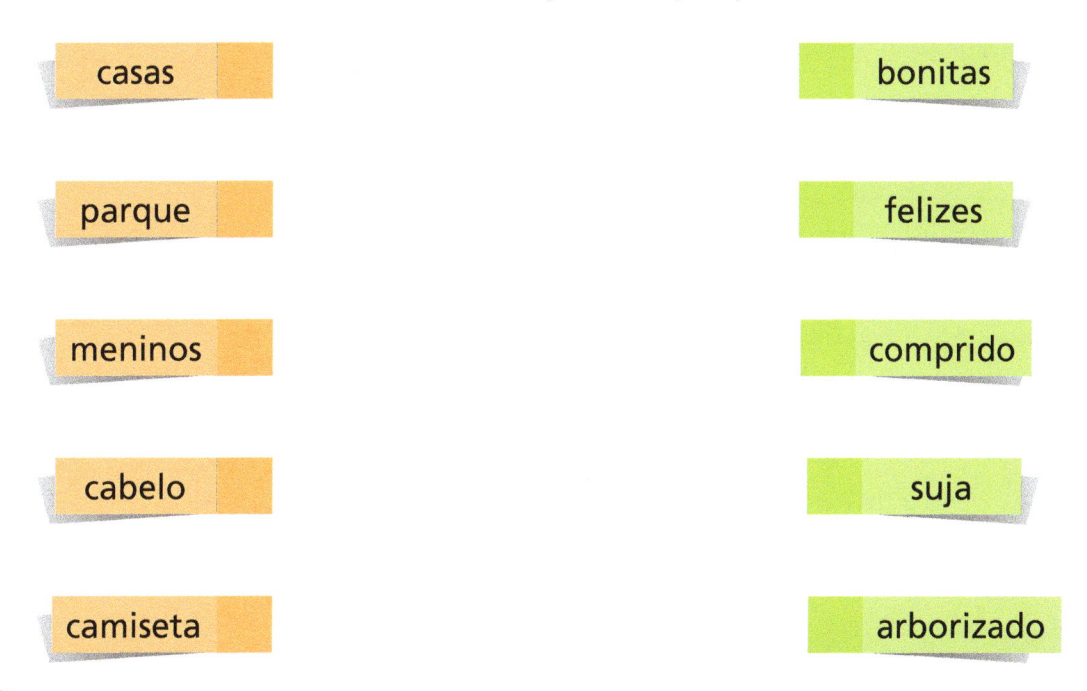

casas	bonitas
parque	felizes
meninos	comprido
cabelo	suja
camiseta	arborizado

- O que você observou para relacionar as colunas?

QUAL É A LETRA?

1. Releia este trecho do relato de viagem das irmãs Klink.

> Numa cidade, parece que tudo está perto, inclusive os guardas que multam, os carros e os perigos. Na Antártica, ganhamos liberdade. Mas sempre temos que ter o cuidado de nos proteger do frio e da fome.

Antártica, 2017.

a) Circule as palavras que têm a letra **c**.

b) Leia essas palavras em voz alta. Em quais delas a letra **c** representa o mesmo som que a letra **k**?

_____

c) Escreva as vogais que aparecem depois do **c** quando ele representa o som de **k**: _____.

d) Em quais palavras a letra **c** soa como **s** em início de palavra?

_____

- Escreva as vogais que seguem o **c** nessas palavras: _____.

2. Leia em voz alta as palavras do quadro.

| parecer | especial | picolé | cuidado | casa | cidade |
| cozinha | esquecido | paradisíaco | foca | | |

a) Circule a letra **c** nas palavras em que ela representa o mesmo som de **s** em início de palavra.

b) Grife a letra **c** nas palavras em que ela representa o mesmo som de **k**.

144

3. Complete as frases que concluem o que você aprendeu sobre os sons representados pela letra c.

- Quando a letra c é seguida das vogais _____, _____ e _____, ela representa som de k.

- Quando a letra c é seguida das vogais _____ e _____, ela representa o mesmo som de s em início de palavra.

4. Observe com um colega as palavras seguintes.

| pedaço | recado | boneco | acusar | raça | açude |

a) Escreva as letras que vêm depois da letra c: _____.

b) Escreva as letras que vêm depois de ç: _____.

c) Leiam essas palavras em voz alta e respondam: o que acontece com a letra c quando recebe cedilha?

5. Complete as palavras com c ou ç.

vo____ê   do____e   re____ibo

____a____ique   do____ura   silên____io

a____ougue   mo____a

6. Converse com os colegas e o professor sobre estas questões.

a) A letra c seguida de e ou i recebe cedilha? Por quê?

b) Existe alguma palavra iniciada por ç?

7. Troque c por ç nestas palavras e veja o que acontece.

tranca → _____   louca → _____

calcar → _____   forca → _____

- O que aconteceu com o sentido das palavras?

8. Complete a frase que conclui o que você aprendeu sobre a função da cedilha.

- O sinal cedilha é usado sob a letra _____ antes das vogais _____, _____, _____ para modificar o som representado pela letra _____.

REDE DE LEITURA

Leia este texto com atenção.

COMEÇA PRIMEIRA EXPEDIÇÃO CIENTÍFICA AO REDOR DA ANTÁRTIDA

20 DEZ. 2016
09h36
Atualizado às 16h18

A primeira expedição com fins científicos que percorrerá o litoral da Antártida parte nesta terça-feira da Cidade do Cabo com um ambicioso objetivo: compilar informação que permita aos pesquisadores de diversos campos entender melhor o impacto da mudança climática no Oceano Antártico.

Mais de 50 cientistas de 20 países participam da Expedição para a Circum-navegação da Antártida (ACE, por sua sigla em inglês), uma viagem ao redor da Antártida que durará três meses e é uma iniciativa do recém-criado Instituto Polar Suíço, informaram à Agência Efe seus responsáveis.

A bordo do navio russo Akademik Treshnikov, habilitado especialmente para pesquisa, os especialistas trabalharão na primeira fase de 22 programas científicos de disciplinas como biologia, climatologia e oceanografia, cujos resultados revelarão coisas sobre alguns aspectos da mudança climática.

Algumas dessas pesquisas tratarão de medir o dano provocado pela contaminação de partículas de plástico na cadeia alimentar do mar, supervisionarão as populações de espécies ameaçadas, como albatroz e pinguins, e buscarão respostas à perda de salinidade dos oceanos.

Pinguim sobre bloco de gelo de derretimento perto da estação francesa na região leste da Antártida (2010).

Os especialistas destacam o caráter transnacional do projeto e suas distintas perspectivas científicas, que permitirão obter resultados inéditos e especialmente valiosos para o estudo do clima.

"Alguns desses projetos não têm conexão aparente, mas a longo prazo nos darão a oportunidade de ter uma ideia muito mais integral do Oceano Antártico em sua totalidade", declarou o membro da ACE David Walton, em entrevista coletiva realizada hoje na Cidade do Cabo, antes da partida da expedição. [...]

COMEÇA primeira expedição científica ao redor da Antártida. **Terra**, 20 dez. 2016. Ciência. Disponível em: <https://www.terra.com.br/noticias/ciencia/comeca-primeira-expedicao-cientifica-ao-redor-da-antartida,cd2d1f741c4f495483677692f6959089u6t3ebyz.html>. Acesso em: 19 set. 2017.

Converse com os colegas e o professor sobre as questões propostas.

1. O texto das irmãs Klink e este que você acabou de ler têm como tema a Antártida (ou Antártica). Que diferenças há entre eles?

2. Qual é o assunto principal da notícia?
   - Aponte os objetivos de algumas das pesquisas:
     - ☐ Medir o dano provocado pelo plástico na cadeia alimentar do mar.
     - ☐ Supervisionar as populações de espécies ameaçadas.
     - ☐ Estudar o comportamento dos albatrozes e dos pinguins.

3. Segundo a notícia, o projeto tem **caráter transnacional**. O que isso significa? Converse com um colega antes de responder.
   - Grife outro trecho do texto que evidencia esse caráter transnacional do projeto.

4. Em que data a expedição se programou para partir da Cidade do Cabo, localizada na África do Sul?

5. A notícia reproduz uma declaração de David Walton. Como é possível identificá-la no texto?

6. O objetivo da expedição é o mesmo da viagem das irmãs Klink? Explique.

7. Se algum dos membros da expedição fizesse um diário de viagem, o que você acha que ele escreveria?

CAPÍTULO 2
DAR A VOLTA AO MUNDO

- Você já imaginou quanto tempo uma pessoa pode levar para dar uma volta ao mundo a bordo de um veleiro?

Leia este relato de viagem contado por Heloisa Schurmann.

Em 1997, a família deu a volta ao mundo pela segunda vez em uma viagem que durou dois anos e meio.

Regressando ao Brasil

[...] 3 de abril — David, Jaime e Wilhelm levantaram as velas enquanto Kat e eu ajudávamos no *cockpit*. Uma rajada de vento adernou o barco e ele aumentou a velocidade. Vilfredo, no timão, alinhou a proa para o rumo de destino.

— Na nossa proa está o Brasil. Nada faz o barco andar mais rápido do que a saudade — ele me disse.

Eu não sabia o que falar. Por um lado, eu queria voltar para abraçar todo mundo, matar as saudades. Mas, por outro, queria continuar a viver no mar.

9 de abril — [...] Faltando apenas 13 dias para nossa chegada, o bom tempo continuava nos saudando no retorno para casa. Colocamos o CD do hino nacional, para Kat aprender. A tripulação inteira fez coro com ela! Cada um lhe falava e ensinava um pouco sobre o Brasil. Ela não se lembrava de quase nada, pois só tinha cinco anos quando partimos para essa aventura.

10 de abril — No meio da noite, o telefone tocou. Era Pierre: [...]

— Estou vendo pela internet que vocês estão perto

de Fernando de Noronha. Embarco no próximo voo que sai de São Paulo. Vocês podem me pegar?

— Não vamos parar em Fernando de Noronha. Nossa chegada é só em Porto Seguro — o capitão foi firme.

— Não se preocupem. Pego um barco e os encontro no meio do oceano, OK?

Bombordo: lado esquerdo da embarcação, olhando-se da parte de trás para a frente.
Proa: parte da frente de uma embarcação, oposta à popa.
Timão: roda ou volante na parte traseira da embarcação que determina sua direção.

Netuno continuava a nos presentear com um mar lisinho, e Vilfredo fez espaguete com frutos do mar, o famoso "Espaguete do Capitão".

12 de abril — Desde o dia anterior muitos pássaros sobrevoavam o Aysso. Estávamos chegando perto de Fernando de Noronha! A ideia era passar ao largo da ilha, para vê-la. Cedinho pela manhã, várias nuvens no horizonte. E, então, entre elas, surgiu uma mancha; minutos depois, um formato definido: Fernando de Noronha, território brasileiro! Gritamos: "Terra à vista!", nos abraçamos, pulando como crianças, dançando ao som de um samba que tocava no volume máximo. [...]

A três milhas ao norte da ilha, eu vasculhava o mar com os binóculos infravermelhos. Procurava o marinheiro que faltava.

— Vilfredo, devagar! Um barco se aproxima a bombordo!

[...] De um barco de pesca, sorridente, Pierre pulou para meu abraço. Pronto! A tripulação estava completa. [...]

21 de abril de 2000 — Chovia a cântaros. Um verdadeiro dilúvio. Mas David viu na internet a previsão meteorológica e animou-nos:

— Amanhã vai abrir uma janela no tempo. Não se preocupem, vai parar de chover.

Acordei com Vilfredo falando ao rádio com a capitania. Tinha chegado o dia. No radar, vimos Porto Seguro na nossa proa. Devagar, nos aproximamos da costa. Ainda chovia. Às 13 horas, uma lancha se aproximou. A bordo, as autoridades da Polícia Federal, Alfândega e Vigilância Sanitária, que embarcaram no Aysso para fazer a vistoria e dar a nossa entrada oficial no país. Às 15 horas a chuva parou. Um solzinho tímido apareceu atrás das nuvens. No horizonte, vimos vários barcos vindo em nossa direção, tocando buzinas, fazendo festa. Eram nossas famílias e nossos amigos, cantando, gritando, dando-nos as boas-vindas. [...]

Heloisa Schurmann. **Em busca do sonho:** vinte anos de aventuras da família Schurmann. Rio de Janeiro: Record, 2008. p. 237-240.

1. Você já ouviu falar na família Shurmann? Sabe o que eles têm feito?

2. Na sua opinião, por que alguém decide escrever um diário de viagem?
   • Para quem o autor do diário de viagem escreve?

3. Ao voltar para o Brasil, Heloisa, a autora do diário de viagem, estava dividida entre dois sentimentos. Quais eram eles?

   _____

   _____

   • O texto apresenta as impressões e sentimentos da narradora. Explique por que esses comentários são importantes no relato.

4. Por que a família Schurmann colocou o CD do hino nacional, faltando 13 dias para chegar ao Brasil?

   _____

   _____

   _____

5. Qual foi o primeiro lugar do Brasil que os viajantes avistaram?
   _____

   • O que você sabe sobre esse lugar? Converse com os colegas e o professor.

Baía dos Porcos, em Fernando de Noronha (Pernambuco).

6. Releia com um colega este trecho do diário de Heloisa.

> Gritamos: "Terra à vista!", nos abraçamos, pulando como crianças, dançando ao som de um samba que tocava no volume máximo.

a) O que significa a expressão **"Terra à vista!"**?

_____

_____

b) Por que a família Schurmann dançou ao som de um samba?

7. Explique o significado das palavras destacadas nos trechos a seguir.

a) "**Chovia a cântaros**. Um verdadeiro dilúvio."

_____

b) "Um **solzinho tímido** apareceu atrás das nuvens."

_____

8. Sobre a organização do relato, responda às questões a seguir.

a) Como os acontecimentos foram registrados?

_____

_____

_____

b) O relato é escrito em 1ª pessoa ou 3ª pessoa?

_____

DE PALAVRA EM PALAVRA

1. Observe a palavra destacada neste trecho de **Regressando ao Brasil**.

> Gritamos: "Terra à vista!", nos abraçamos, pulando como crianças, dançando ao som de um samba que tocava no volume **máximo**.

a) A que se refere a palavra **máximo**? O que significa?

_____

b) Assinale a alternativa que corresponde à palavra destacada.

☐ A palavra destacada indica característica: é adjetivo.

☐ A palavra destacada dá nome aos seres: é substantivo.

☐ A palavra destacada acompanha ou substitui o nome: é pronome.

2. Releia estes outros trechos e indique com uma seta a que substantivos as expressões destacadas se referem.

> Netuno continuava a nos presentear com um mar lisinho, e Vilfredo fez espaguete com frutos **do mar**, o famoso "Espaguete do Capitão".

> De um barco **de pesca**, sorridente, Pierre pulou para meu abraço. Pronto! A tripulação estava completa.

As expressões destacadas são chamadas de **locuções adjetivas**. Elas têm valor e função de adjetivo, pois caracterizam os substantivos. São, geralmente, introduzidas pela palavra **de**.

152

3. Reescreva as frases substituindo as locuções adjetivas por adjetivos correspondentes. Leia o exemplo.

> Vimos um barco de pesca se aproximando.
>
> Vimos um barco pesqueiro se aproximando.

a) Minha lanterna utiliza a energia do sol.

_____

_____

b) A bandeira do Brasil é um dos símbolos oficiais do país.

_____

_____

c) A professora ganhou dos alunos um lindo buquê de flores do campo.

_____

_____

4. Que locução adjetiva pode substituir o adjetivo destacado na frase a seguir?

> Antes de viajar, meu pai tem o hábito de consultar a previsão meteorológica.

_____

5. Complete as frases com os adjetivos dos quadros.

| suína | canino | escolar | popular |

a) No início do ano letivo, compramos o material _____.

b) Carne _____ malcozida pode transmitir parasitas.

c) O tapete da casa estava cheio de pelo _____.

d) A participação _____ é fundamental para ajudar na administração da cidade.

153

QUAL É A LETRA?

1. Por que será que algumas palavras geram confusão na escrita? Você já confundiu na escrita as palavras **mas** e **mais**? Explique.

2. Releia este trecho do texto **Regressando ao Brasil**.

   > Eu não sabia o que falar. Por um lado, eu queria voltar para abraçar todo mundo, matar as saudades. **Mas**, por outro, queria continuar a viver no mar.

   - Qual é, nesse caso, a palavra que melhor substitui o termo **mas**? Assinale.

     ☐ Então. ☐ Porém.

     ☐ Por isso. ☐ Porque.

3. Releia este outro trecho do texto.

   > — Na nossa proa está o Brasil. Nada faz o barco andar **mais** rápido do que a saudade [...].

   - O que a palavra **mais** indica?

4. Observe as palavras em destaque no trecho a seguir do texto **Começa primeira expedição científica ao redor da Antártida**.

   > Alguns desses projetos não têm conexão aparente, **mas** a longo prazo nos darão a oportunidade de ter uma ideia muito **mais** integral do Oceano Antártico em sua totalidade.

   a) Qual dessas palavras em destaque pode ser substituída pela palavra **porém**? Circule.

   b) Reescreva esse trecho utilizando essa palavra.

   _____
   _____
   _____

5. Desafio! Cada uma das frases a seguir tem, ao mesmo tempo, as palavras **mas** e **mais**. Veja se você consegue saber quando se trata de uma ou de outra.

• Complete as frases com essas palavras.

a) Quanto _____ ele corria, _____ cansado ficava, _____ não desistiu e foi até o final da prova.

b) Tentei prestar _____ atenção, _____ mesmo assim não consegui entender o que ele dizia.

c) Estudei, _____ não foi suficiente; preciso me esforçar _____.

6. Reúna-se com mais três colegas. Preparem-se para o jogo do **mas** ou **mais**. Leiam as instruções.

Preparação do jogo

- Providenciem uma moeda ou outro objeto semelhante.
- Façam dois círculos de papel do tamanho da moeda.
- Escrevam a palavra **mas** em um círculo e a palavra **mais** no outro.
- Colem os círculos um em cada lado da moeda.
- Façam dez fichas de papel e escrevam nelas as seguintes palavras: chuva, escola, bolo de cenoura, onça-pintada, barco, esconde-esconde, livros, vacina, aventura, futebol.
- Deixem as fichas viradas para baixo.

Como jogar

- O primeiro participante joga a moeda e pega uma ficha. Ele deve ler as palavras da moeda e da ficha. Por exemplo: mas – chuva.
- Todos os participantes devem escrever uma frase com as duas palavras.
- Assim que todos terminarem, devem ler a frase que escreveram.
- O participante que empregou corretamente **mas** ou **mais** na frase com a palavra da ficha ganha cinco pontos.
- Façam, em uma folha à parte, uma tabela para anotar o nome dos jogadores e os pontos ganhos para saber qual será o resultado final do jogo.

7. Quando devemos usar a palavra **mas** e quando devemos usar **mais**? Converse com os colegas e o professor.

155

MÃO NA MASSA!

Nos relatos de viagem, as pessoas escrevem sobre os acontecimentos vividos durante uma viagem. Descrevem os lugares pelos quais passaram e contam o que foi significativo para elas. Também podem detalhar a preparação da viagem, seus sentimentos ao partir ou na hora de voltar para casa, as descobertas e as sensações vividas.

1. Você vai escrever um relato de viagem. Leia estes itens que poderão ajudá-lo na produção de seu texto.

- Para onde você viajou? Com quem você foi?
- Que meio de transporte você usou? Qual foi sua sensação ao utilizar esse meio de transporte?
- Como foi o planejamento da viagem?
- Como organizou a bagagem? O que precisou levar?
- O que você viu no caminho? O que havia de diferente na paisagem?
- Como foi chegar ao lugar e olhar para ele pela primeira vez? O que você sentiu?
- O que você fez lá?
- Aprendeu algo novo?
- Que lembranças você tem desse lugar?

2. Em uma folha à parte, elabore o relato de sua viagem e organize as informações. Lembre-se:

- Escreva o relato em 1ª pessoa e os verbos, em geral, no pretérito.
- A descrição precisa ser bem elaborada, de modo a permitir ao leitor (que não fez parte da viagem) imaginar os lugares visitados e as pessoas que você conheceu.
- Demonstre a sua opinião sobre o que viu durante a viagem.
- Conte suas sensações enquanto visitava o lugar.
- Registre o que você aprendeu e conte um pouco da história do lugar, separando os assuntos em parágrafos.
- Utilize os adjetivos adequados para caracterizar o que você viu e mostrar como se sentiu ao conhecer tudo aquilo.
- Fique atento aos sinais de pontuação e à ortografia das palavras.

DE OLHO NO TEXTO

1. Ao terminar de escrever, releia seu texto para conferir se contemplou todos os itens necessários à escrita de um relato de viagem.

2. Troque o seu texto com um colega.
   Cada um vai ler o relato do outro, observando os itens a seguir:

   - O texto está com uma linguagem clara, compreensível?
   - Todas as informações necessárias para alguém compreender a viagem foram fornecidas no relato?
   - É possível perceber as sensações que o narrador viveu ao fazer a visita?
   - As ideias estão organizadas em parágrafos?
   - A letra está legível, permitindo a compreensão do texto?
   - Houve alguma parte do texto que foi difícil de compreender? Qual?

3. Em uma folha à parte, escreva um bilhete ao colega dizendo o que você acha que pode ser melhorado no relato dele. Seja gentil ao apontar os erros e elogie o que ficou bem escrito.

4. Destroquem os relatos de viagem. Cada um reescreverá os trechos que podem ser melhorados depois de ler a avaliação feita pelo colega.

5. Após a reescrita e correção do texto, cada um vai digitar o seu relato utilizando os recursos disponíveis na escola.
   - Combinem com o professor se poderão inserir fotos ou imagens.
   - Os relatos irão compor um livro da sala.
   - Vocês serão os responsáveis pela edição, impressão, organização e montagem do livro. Ele ficará na biblioteca da sala e, no final do ano, será doado à biblioteca da escola.

ORALIDADE EM AÇÃO

1. O que é uma cidade turística? Converse com os colegas e o professor.

2. Toda cidade tem algum ponto turístico, um lugar que as pessoas gostam de frequentar e os visitantes têm interesse em conhecer.

   O Brasil tem diversos pontos turísticos em diferentes regiões.

   - Observe as legendas das imagens e complete-as com os nomes dos lugares em que ficam esses pontos turísticos.

Cataratas do Iguaçu, _____.

Rio da Prata, _____.

Catedral Metropolitana, _____.

Parque Ibirapuera, _____.

3. Você sabe qual é o ponto turístico de sua cidade? Descubra por que ele atrai a atenção das pessoas e conte aos colegas e ao professor.

4. Reúna-se com um colega e façam uma pesquisa sobre um local turístico que gostariam de visitar em algum lugar do Brasil. Vocês irão apresentar esse trabalho para a sala.

- Registrem as informações a seguir em uma folha à parte:

> - Nome do local, cidade e localização.
> - Referências para as pessoas poderem chegar ao local.
> - Características: como é o lugar, quais são as comidas típicas, as músicas e danças, o artesanato etc.
> - Outras informações para despertar o interesse das pessoas em visitarem o local é mostrar os diferentes falares de cada região, as expressões populares e os sotaques.

5. Preparem-se para apresentar o local turístico para a classe conhecer.

Antes da apresentação
- Organizem as informações e releiam para verificar se o roteiro ficou coerente.
- Ensaiem para contar com suas próprias palavras as características do ponto turístico.
- Se possível, mostrem um mapa para todos saberem como chegar ao local.
- Descrevam com detalhes o local ou utilizem cartazes, mapas ou fotos do local para seus colegas saberem como é.
- Para mostrar a riqueza cultural e valorizar os falares do Brasil, exponham uma lista de expressões próprias da região pesquisada.
- Selecionem e disponibilizem trechos de notícias ou entrevistas divulgadas na televisão ou rádio para que os colegas possam ouvir e (re)conhecer o sotaque daquela região.

Durante a apresentação
- Informem o nome da cidade e do ponto turístico.
- Expliquem o motivo de sua escolha.
- Comentem as informações relevantes sobre o local.
- Olhem para os colegas enquanto apresentam os dados turísticos.
- Comentem as belezas do lugar ou expliquem por que o local precisa ser preservado.
- Ao terminar, abram um espaço para perguntas.
- Após as perguntas, finalizem a apresentação e agradeçam a atenção de todos.

Após as apresentações
- Conversem com os colegas sobre os locais escolhidos e as regiões em que se localizam. Reflitam:
  - ✓ O que é necessário fazer para que o local seja preservado?
  - ✓ O que vocês podem fazer para colaborar na preservação deste local?
  - ✓ Por que a preservação de um local turístico é importante?

IDEIA PUXA IDEIA

Você leu neste capítulo que a família Schurmann aportou em Porto Seguro, na Bahia, depois de dois anos e meio velejando pelos mares.

Pois foi lá, também, que há mais de 500 anos a esquadra de Pedro Álvares Cabral aportou no Brasil. A bordo de uma das caravelas havia um escrivão, Pero Vaz de Caminha, que enviou uma carta ao rei de Portugal, D. Manuel I, relatando com detalhes a paisagem do litoral, seus habitantes e os primeiros contatos entre os portugueses e os indígenas. A carta de Caminha é uma das principais fontes históricas sobre o descobrimento do Brasil.

Leia a seguir as impressões de Caminha sobre a terra descoberta.

A Carta de Pero Vaz de Caminha

[...]

Esta terra, Senhor, parece-me que, da ponta que mais contra o sul vimos, até à outra ponta que contra o norte vem, de que nós deste porto houvemos vista, será tamanha que haverá nela bem vinte ou vinte e cinco léguas de costa. Traz ao longo do mar em algumas partes grandes barreiras, umas vermelhas, e outras brancas; e a terra de cima toda chã e muito cheia de grandes arvoredos. De ponta a ponta é toda praia... muito chã e muito formosa. Pelo sertão nos pareceu, vista do mar, muito grande; porque a estender olhos, não podíamos ver senão terra e arvoredos — terra que nos parecia muito extensa.

Até agora não pudemos saber se há ouro ou prata nela, ou outra coisa de metal, ou ferro; nem lha vimos. Contudo a terra em si é de muito bons ares frescos e temperados como os de Entre-Douro-e-Minho, porque neste tempo d'agora assim os achávamos como os de lá. Águas são muitas; infinitas. Em tal maneira é graciosa que, querendo-a aproveitar, dar-se-á nela tudo; por causa das águas que tem!

[...]

Deste Porto Seguro, da Vossa Ilha de Vera Cruz, hoje, sexta-feira, primeiro dia de maio de 1500.

Pero Vaz de Caminha.

Chã: plana.
Entre-Douro-e-Minho: antiga região de Portugal.
Légua: medida de distância cujo valor varia de acordo com a época, país ou região. No Brasil, hoje, representa aproximadamente 6.600 metros.

A Carta de Pero Vaz de Caminha. Disponível em: <http://www.dominiopublico.gov.br/download/texto/ua000283.pdf>. Acesso em: 11 set. 2017.

1. Converse com os colegas e o professor sobre as impressões de Caminha a respeito da terra recém-descoberta.

2. A função da carta de Caminha e do relato de Heloisa Schurmann (páginas 148 e 149) é a mesma? Explique.

   _____

   _____

   _____

   _____

   _____

3. Converse com os colegas e o professor sobre estas questões.

   a) Você sabe o que é um documento histórico?

   b) A carta de Pero Vaz de Caminha e outros relatos de viagem podem ser considerados documentos históricos? Por quê?

4. Você acha que a descrição da paisagem vista por Caminha na chegada a Porto Seguro seria a mesma se ele chegasse nos dias atuais?
   Na sua opinião, o que ele diria?

   _____

   _____

   _____

- Que transformações a paisagem de Porto Seguro sofreu desde a chegada dos portugueses em 1500?

161

MEU LUGAR NO MUNDO

▼ ENERGIA SUSTENTÁVEL

1. Você já parou para pensar em quanta energia elétrica utilizamos no nosso dia a dia? Faça com um colega, em uma folha à parte, uma lista de tudo que necessita de energia elétrica para funcionar nas casas, na escola, na rua.

    • Como vocês acham que a energia elétrica chega até esses locais?

2. Você leu o relato de viagem da família Schurmann no barco **Aysso**. Saiba que esse barco é muito bem equipado. Possui geladeira, *freezer*, TV, computador, luz elétrica.

    • Como você acha que os Schurmann obtêm energia elétrica para fazer todos esses equipamentos funcionarem?

Energia solar

1. O painel solar capta a energia solar.

2. Um aparelho chamado inversor solar converte a energia solar em energia elétrica para a casa.

3. A energia elétrica é distribuída para todo o imóvel.

FÁBIO EUGENIO

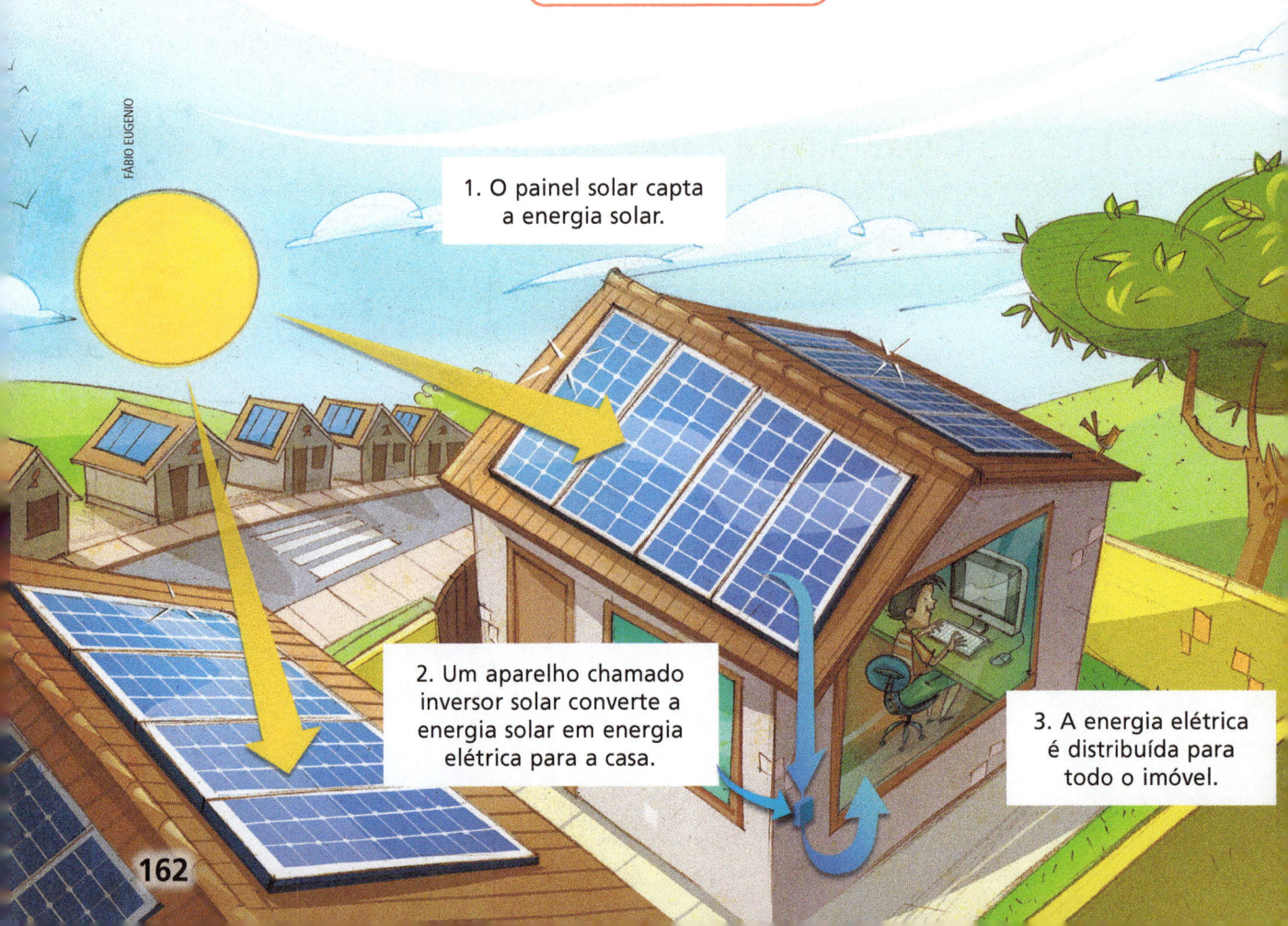

162

3. O mais novo veleiro dos Schurmann se chama **Kat** e foi o primeiro construído pela própria família. Ele é totalmente sustentável, como você pode observar neste vídeo: <http://livro.pro/kh7ihs/>.

Assista ao vídeo e saiba como funciona a vida da família nesse barco.

• Para você, o que significa viver de forma sustentável?

4. Leia o infográfico a seguir e faça uma pesquisa sobre a captação de energia eólica e de energia solar. Registre as informações em uma folha à parte.

a) Por que esses tipos de energia são considerados sustentáveis?

b) De que forma é possível fazer uso racional de energia?

c) De que forma a energia é captada? Como pode ser utilizada?

5. Você sabe qual é a fonte de energia utilizada em sua escola? Sabe qual é o consumo mensal de energia? É possível reduzir o consumo? Como? Converse com os colegas e o professor sobre essas questões e, depois, escrevam uma carta à comunidade escolar com o objetivo de solicitar a participação de todos na redução do consumo de energia. Acompanhe as orientações do professor.

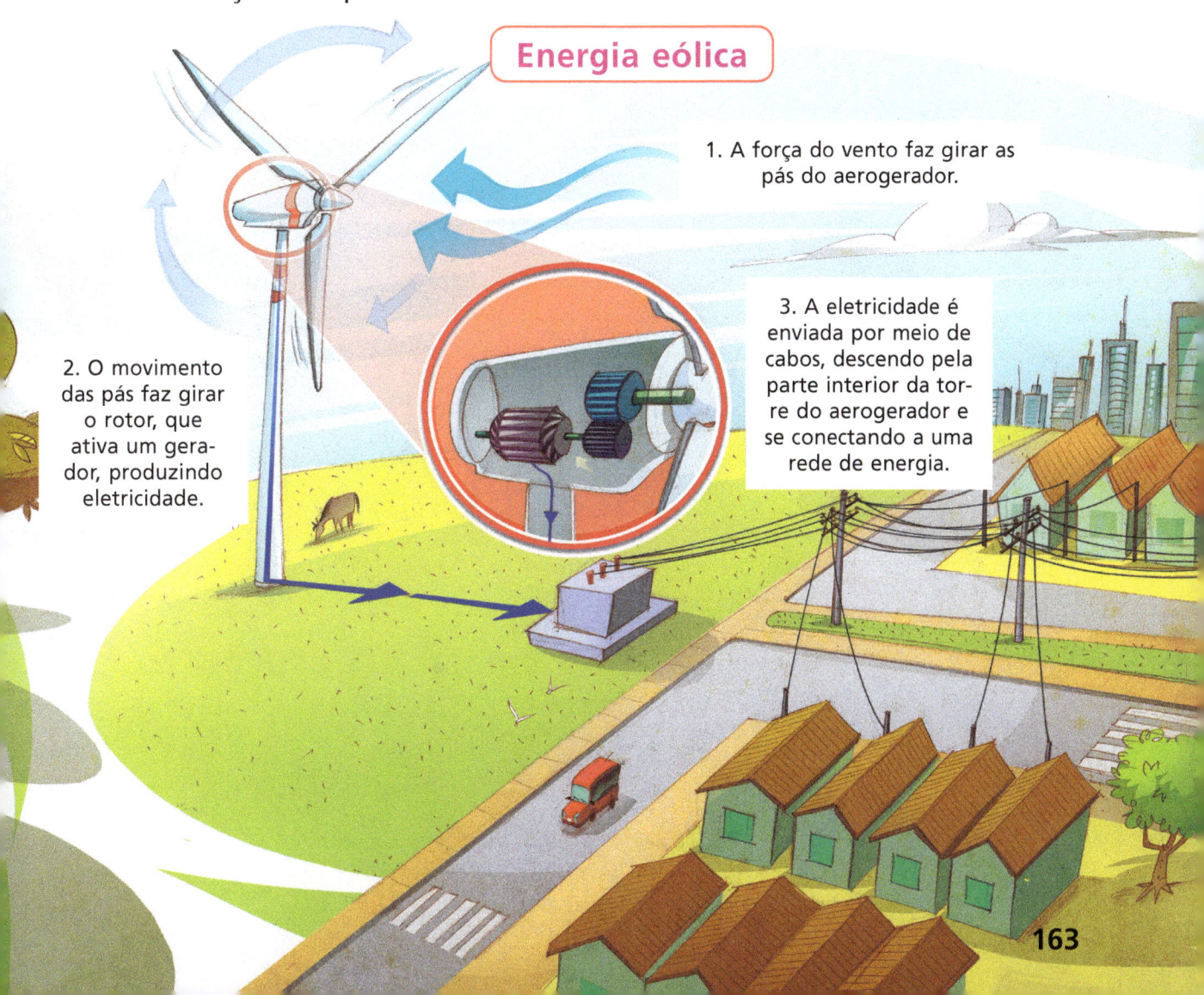

Energia eólica

1. A força do vento faz girar as pás do aerogerador.

2. O movimento das pás faz girar o rotor, que ativa um gerador, produzindo eletricidade.

3. A eletricidade é enviada por meio de cabos, descendo pela parte interior da torre do aerogerador e se conectando a uma rede de energia.

UNIDADE 6
ÚLTIMAS NOTÍCIAS

Converse com os colegas e responda às questões.

1. O que as pessoas estão fazendo? Sua família costuma ler jornais? Quais?
2. O elemento fundamental de um jornal é a notícia. Você sabe o que é notícia?
3. Que outros meios de comunicação, além do jornal impresso, divulgam notícias?

CAPÍTULO 1

DE OLHO NOS FATOS

- Na sua opinião, quais assuntos poderiam virar notícia? Quais notícias chamam mais a atenção das pessoas? Por quê?

Leia esta notícia.

04/01/2017 12h05

FILHOTE DE JACARÉ APARECE EM PÁTIO DE RESIDÊNCIA EM TRAMANDAÍ, RS

Corpo de Bombeiros capturou o animal e o devolveu para a natureza. Jacaré-do-papo-amarelo vive nas lagoas e é comum no litoral gaúcho.

Do G1 RS

Um filhote de jacaré-do-papo-amarelo foi capturado pelo Corpo de Bombeiros no fim da tarde de terça-feira (3) em uma casa no bairro Emboaba em Tramandaí, no Litoral Norte gaúcho. Os moradores acionaram os bombeiros após avistarem o animal no pátio da residência.

"Parece que o filho pequeno estava brincando quando viu o animal. Aí, a família entrou em contato conosco", afirma o soldado Renísio Wilmes.

Ele conta que para capturar o filhote, com ajuda de outros dois colegas, precisou vendar o animal e colocar uma atadura na boca dele. "Ele era bem rápido, ágil, pequenininho, né? Usamos um cambão, um equipamento que costumamos usar para pegar cães e gatos", comenta o soldado.

Segundo o Corpo de Bombeiros, o réptil foi devolvido ao seu hábitat natural, uma área verde mais afastada e protegida na cidade, onde já vivem outros jacarés. Não foi a primeira vez que jacarés foram encontrados em locais próximos a residências.

"Já tínhamos capturado maiores, de 1,9 metro, mas aquele local não tem histórico", observa Wilmes.

Segundo o biólogo Jackson Müller, o jacaré-do-papo--amarelo é comum no Litoral Norte do estado. "Vive nas lagoas", explica. Ainda assim, é uma espécie que corre risco de extinção. O animal pode alcançar três metros de comprimento.

Filhote de jacaré aparece em pátio de residência em Tramandaí, RS. **G1 RS**, 4 jan. 2017. Disponível em: <http://g1.globo.com/rs/rio-grande-do-sul/noticia/2017/01/filhote-de-jacare-aparece-em-patio-de-residencia-em-tramandai-rs.html>. Acesso em: 15 set. 2017.

1. Que fato é relatado na notícia?

_____

a) Onde o fato ocorreu?

_____

_____

b) Quando o fato aconteceu?

_____

- O que você observou para chegar a essa conclusão?

_____

_____

_____

c) Quem são os envolvidos no fato?

_____

2. Como o fato aconteceu?

☐ Um dos soldados do Corpo de Bombeiros encontrou um filhote de jacaré-do-papo-amarelo em sua residência e chamou outros dois colegas para ajudar a capturar o animal.

☐ Os moradores entraram em contato com o Corpo de Bombeiros após avistarem um filhote de jacaré em sua residência. Os bombeiros foram ao local e conseguiram capturar o jacaré.

☐ Uma criança brincava no quintal, em uma residência no bairro de Emboaba, quando foi surpreendida por um filhote de jacaré. A criança começou a gritar e um soldado, que passava perto do local, capturou o animal.

3. Onde a notícia foi publicada?

_____

a) Quem escreveu a notícia?

_____

b) Para quem a notícia foi escrita?

4. Na sua opinião, por que o fato relatado virou notícia?

5. Releia este parágrafo da notícia e converse com os colegas e o professor sobre as questões a seguir.

> Ele conta que para capturar o filhote, com ajuda de outros dois colegas, precisou vendar o animal e colocar uma atadura na boca dele. "Ele era bem rápido, ágil, pequeninho, né? Usamos um cambão, um equipamento que costumamos usar para pegar cães e gatos", comenta o soldado.

a) A quem se refere o pronome ele nesse trecho?

b) Na sua opinião, os bombeiros tiveram dificuldade para capturar o filhote? Explique.

ELEMENTOS DA NOTÍCIA

1. Releia o título da notícia e o texto que vem após o título.

> **FILHOTE DE JACARÉ APARECE EM PÁTIO DE RESIDÊNCIA EM TRAMANDAÍ, RS**
>
> *Corpo de Bombeiros capturou o animal e o devolveu para a natureza. Jacaré-do-papo-amarelo vive nas lagoas e é comum no litoral gaúcho.*

O título de um texto jornalístico que aparece em destaque é chamado de **manchete**. Sua função é apresentar o assunto ou destacar o fato principal da notícia. O texto que vem após a manchete é um subtítulo.

- Qual é a função da manchete? Assinale a(s) alternativa(s) correta(s).

    ☐ Chamar a atenção do leitor para o assunto da notícia.

    ☐ Contar a história da notícia.

    ☐ Mostrar qual será o assunto tratado.

2. Um jornal na TV também apresenta manchete das notícias?

3. Leia com um colega um trecho de uma notícia publicada em um *site* de notícias digital. Depois crie uma manchete adequada.

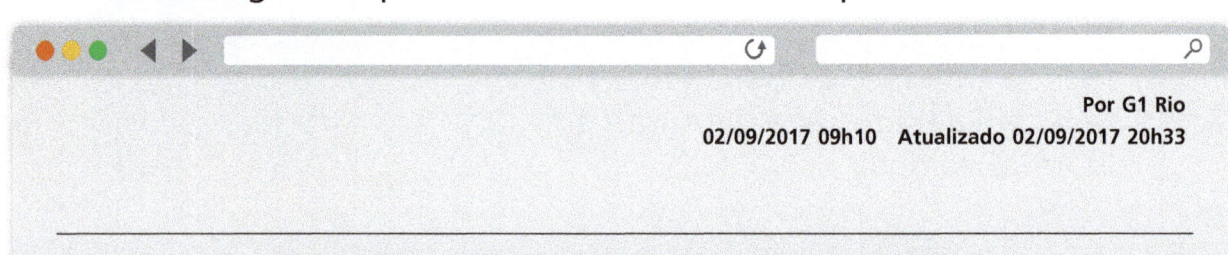

Por G1 Rio
02/09/2017 09h10 Atualizado 02/09/2017 20h33

Objetivo é vacinar 500 mil animais domésticos.
Vacinação será dividida em cinco etapas.

Começou neste sábado (2) a campanha de vacinação contra a raiva em cães e gatos. A campanha "Se liga, bicho! Raiva é caso sério" tem como meta vacinar 500 mil animais na cidade do Rio de Janeiro.

A campanha será dividida em cinco etapas, que acontecerão aos sábados, com o objetivo de alcançar todas as regiões da cidade. A primeira etapa, que acontece este sábado (2), é realizada em bairros da Zona Sul, Centro, parte da Zona Norte, Ilha do Governador e Paquetá. [...]

Campanha de vacinação contra raiva em cães e gatos começa este sábado no Rio. **G1 Rio**, 2 set. 2017. Disponível em: <https://g1.globo.com/rio-de-janeiro/noticia/campanha-de-vacinacao-contra-raiva-em-caes-e-gatos-comeca-este-sabado-no-rio.ghtml>. Acesso em: 15 set. 2017.

4. Muitas vezes as notícias vêm acompanhadas de fotografias e as respectivas legendas. Reúna-se com dois colegas. Observem estas imagens e criem legendas para elas.

_____
_____
_____
_____
_____
_____
_____
_____
_____
_____

- Imaginem que essas fotografias estejam acompanhando notícias. Criem manchetes bem atrativas para as notícias.

_____
_____
_____
_____

5. Compartilhem com os outros grupos as manchetes e as legendas criadas e conversem sobre as questões seguintes.

a) Em que aspectos ficaram parecidas? Em que ficaram diferentes?

b) Estão adequadas ao texto jornalístico? Poderiam ser publicadas em jornais?

TEM MAIS NOTÍCIA!
Leia mais uma notícia.

30/01/2017 22h13 – Atualizado em 30/01/2017 22h13

Batalhão Ambiental do AP resgata cães e gatos mantidos em gaiolas

Animais silvestres, entre papagaios e pombos, também estavam no local. ONG entrou em contato com a polícia após denúncia em Macapá

Jorge Abreu
Do G1 AP

O Batalhão Ambiental resgatou na tarde de domingo (29) quase 20 animais que estavam sendo mantidos dentro de gaiolas no interior de uma casa, localizada no bairro Beirol, Zona Sul de Macapá. Além das condições desagradáveis, os bichos corriam risco de morte sem água e alimentação, informaram os policiais.

A denúncia foi feita para a ONG Unidade de Proteção ao Animal "Costelinha", que repassou as informações para a polícia. Foram resgatados oito gatos, quatro cães, dois papagaios e um pombo, todos ariscos e dentro de gaiolas, informou a entidade.

De acordo com o presidente da ONG, Victor Hugo Fernandes, a proprietária da casa, uma mulher de 80 anos, mora sozinha e resistiu à entrada da polícia. Segundo ele, a senhora apresenta sinais de doença mental e corre risco de ser indiciada por maus-tratos.

Cães e gatos eram mantidos dentro de gaiolas.

"Através de uma denúncia, nós da ONG entramos em contato com a polícia e fomos até a casa. No primeiro momento, a dona não quis que ninguém entrasse no local, mas pelo muro conseguimos ver os animais engaiolados", destacou Victor Hugo.

Os cães e gatos resgatados vão passar por tratamento feito por voluntários da ONG e, em seguida, ficarão disponíveis para a adoção. Os animais silvestres ficaram sob responsabilidade do Batalhão Ambiental.

Batalhão Ambiental do AP resgata cães e gatos mantidos em gaiolas. **G1 Amapá**, 30 jan. 2017. Disponível em: <http://g1.globo.com/ap/amapa/noticia/2017/01/batalhao-ambiental-do-ap-resgata-caes-e-gatos-mantidos-em-gaiolas.html>. Acesso em: 17 set. 2017.

Converse com os colegas e o professor sobre as questões a seguir.

1. Qual é o fato relatado na notícia?

2. Onde aconteceu o fato?

3. Entre os animais resgatados, havia também animais silvestres. Você sabe o que são animais silvestres?

4. Por que esses animais estavam presos em gaiolas? Qual seria o destino deles? Dê sua opinião aos colegas e ao professor.

5. Releia este trecho da notícia e observe a informação destacada.

> O Batalhão Ambiental resgatou na tarde de domingo (29) quase 20 animais que estavam sendo mantidos dentro de gaiolas no interior de uma casa, localizada no bairro Beirol, Zona Sul de Macapá.

a) Essa informação é importante em uma notícia? Por quê?

b) Em que mês e ano o fato aconteceu?

6. Sublinhe no texto o que o presidente da ONG, Victor Hugo, falou sobre o fato relatado.
   - Como você identificou as palavras do presidente da ONG?

7. Descreva a fotografia que aparece no texto.
   - Qual é a função da fotografia e da legenda nessa notícia?

8. Crie um novo título para essa notícia.

_____

_____

DE PALAVRA EM PALAVRA

1. Releia este trecho da notícia das páginas 166 e 167.

> "Já tínhamos capturado maiores, de 1,9 metro, mas aquele local não tem histórico", observa Wilmes.

a) O trecho traz a citação de uma pessoa envolvida no fato. Quem é essa pessoa?

_____

_____

b) Qual é a função das aspas nesse trecho?

_____

2. Releia este outro trecho da mesma notícia.

> "Ele era bem rápido, ágil, pequeninho, né? Usamos um cambão, um equipamento que costumamos usar para pegar cães e gatos", comenta o soldado.

- Você já sabe que as aspas, na notícia, reproduzem a fala dos envolvidos no fato. Como é possível identificar de quem são as citações?

3. Releia a notícia observando a reprodução das falas do soldado do Corpo de Bombeiros. Observe que o emissor das falas é identificado de diferentes maneiras pelo jornalista. Que identificações o jornalista usou em cada citação?

a) Na primeira citação: _____.

b) Na segunda citação: _____.

c) Na terceira citação: _____.

- Por que somente na primeira citação há o nome completo, a idade e a profissão da pessoa?

4. Imagine que você e um colega foram os redatores da notícia **Filhote de jacaré aparece em pátio de residência em Tramandaí, RS** e resolveram inserir uma citação da possível criança que avistou o filhote de jacaré.

- Criem citações ampliando o trecho seguinte da notícia. Não se esqueçam de usar as aspas, os verbos adequados para anunciar quem falou e o nome completo da pessoa.

> Um filhote de jacaré-do-papo-amarelo foi capturado pelo Corpo de Bombeiros no fim da tarde de terça-feira (3) em uma casa no bairro Emboaba em Tramandaí, no Litoral Norte gaúcho. Os moradores acionaram os bombeiros após avistarem o animal no pátio da residência.

_____

_____

_____

_____

5. Releia um trecho do segundo parágrafo da notícia **Batalhão Ambiental do AP resgata cães e gatos mantidos em gaiolas**.

> A denúncia foi feita para a ONG Unidade de Proteção ao Animal "Costelinha", que repassou as informações para a polícia.

- O emprego das aspas em Costelinha tem a mesma função que nos trechos anteriores? Explique.

175

QUAL É A LETRA?

1. Observe as fotografias e identifique-as.

_____   _____   _____

_____   _____   _____

> • Todas as palavras que você escreveu têm a letra **x**. Qual é o som representado pela letra **x** nessas palavras?

2. Leia em voz alta as palavras dos quadros.

| exercício | experiência | extrato | caixa | extinção | enxaguar |

| exame | enxame | exército | queixo | exposição | exemplo |

• Escreva essas palavras nas colunas correspondentes, de acordo com os sons representados pela letra **x**.

x com som de **s**	x com som de **z**	x com som de **ch**

3. Observe as palavras que você escreveu. A letra **x** com som de **s** ocorre em que parte da sílaba?

☐ No início da sílaba.   ☐ No final da sílaba.   ☐ No meio da sílaba.

a) Após a letra **x** com som de **s** aparece uma vogal ou uma consoante?
_____

b) A letra **x** com som de **z** aparece entre vogais ou consoantes?
_____

c) Que letras aparecem antes da letra **x** quando o **x** soa como **ch**?
_____

4. Reúna-se com um colega para um jogo. Sigam as instruções.

- Escrevam, em uma folha à parte, seis palavras com a letra **x**.
- Juntem-se a uma outra dupla.
- Cada dupla vai dar pistas para a outra descobrir as palavras que escreveu.
- Podem ser pistas sobre o significado das palavras e o som representado pela letra **x**.
- A dupla que descobrir as palavras e escrevê-las corretamente ganha o jogo.

5. Depois do jogo, observem as palavras escritas e pensem nas questões a seguir.

- Qual é o som representado pela letra **x** em cada uma delas?
- Em que parte da sílaba aparece a letra **x**?
- Que letras aparecem após a letra **x**?
- Que letras aparecem antes da letra **x**?

- Agora, escrevam uma conclusão sobre os sons representados pela letra **x** e como verificar a escrita correta dessas palavras.

_____
_____
_____
_____

REDE DE LEITURA

Você conhece ou tem algum animal de estimação? Como esses animais devem ser tratados?

Converse com os colegas e o professor sobre os cuidados que devemos ter com os animais de estimação.

Leia agora este anúncio publicitário.

ANIMAL DE ESTIMAÇÃO NÃO É BRINQUEDO.
DÊ AMOR PARA O SEU.

CURITIBA
PREFEITURA DA CIDADE

WWW.PROTECAOANIMAL.CURITIBA.PR.GOV.BR

1. Qual é a finalidade do anúncio publicitário?

2. A quem se dirige esse anúncio?

3. Como o anunciante compôs a imagem do texto?

4. Releia o texto principal do anúncio e converse com os colegas e o professor sobre as questões.

> **ANIMAL DE ESTIMAÇÃO NÃO É BRINQUEDO.**
> DÊ AMOR PARA O SEU.

a) Qual é a relação da frase com a imagem do anúncio?

b) Por que um animal de estimação não é brinquedo?

c) Na sua opinião, por que o tamanho das letras utilizadas nas palavras que compõem essa frase é diferente do texto que a acompanha: "Dê amor para o seu."?

5. Releia esta frase.

> DÊ AMOR PARA O SEU.

a) O que o anunciante incentiva o leitor a fazer?

b) A quem o anunciante faz o pedido? Como é possível saber?

6. O que mais chamou a sua atenção na composição do anúncio? Por quê?
   - Você acha que o anunciante atingiu o seu objetivo ao divulgar o anúncio? Explique.

179

CAPÍTULO 2
PLANTANDO ÁRVORES

- Você já plantou uma árvore ou outro tipo de planta?

Leia agora uma notícia sobre estudantes que plantaram árvores.

Projeto planta ao menos 400 mudas de árvores para resfriar paredes de escola no Acre

Escola Clícia Gadelha, em Rio Branco, desenvolve projeto "paredão verde" desde 2011. Buriti, seringueira, café, ipê e eucalipto são algumas das espécies.

Por Caio Fulgêncio, G1 AC, Rio Branco
05/09/2017 11h52 Atualizado 05/09/2017 11h52

A Escola Professora Clícia Gadelha, em Rio Branco, decidiu, há seis anos, começar a modificar a forma de estudar e vivenciar o ambiente colegial. De 2011 a 2017, um projeto já plantou ao menos 400 mudas de árvores na criação de um verdadeiro "paredão verde" que serve para resfriar as paredes das salas de aula.

Essa é uma das iniciativas que o **G1** vai destacar no Dia da Amazônia, comemorado nesta terça-feira (5).

Buriti, seringueira, café, cacau, cupuaçu, ipê e eucalipto são algumas das espécies que podem ser encontradas na escola, segundo o biólogo Cleilton Pessoa, atual diretor da instituição, que encabeça o trabalho. Segundo ele, a escola está totalmente cercada pelas árvores, umas ainda em processo de crescimento. Os resultados já são sentidos.

"O que todo mundo percebeu, principalmente os alunos de 2014 para cá, é que as paredes que estão sendo protegidas tornam as salas extremamente frescas. Já as salas que não têm, onde as plantas ainda estão pequenas, ainda sofrem com o calor, porque a parede absorve muita insolação. Isso nos ajuda a fazer os alunos entenderem que preservar é muito importante", diz.

As árvores são plantadas com a ajuda dos estudantes e, segundo o professor, servem como material de estudo, como é o caso das que são cultivadas no agronegócio brasileiro. Para ele, o diferencial do projeto é incentivar, além do plantio, a mudança na mentalidade quanto ao cuidado do meio ambiente. [...]

O colégio – com um total de 820 estudantes – também desenvolve outras atividades voltadas à temática ambiental, como compostagem e horta para análise científica. [...]

Projeto planta ao menos 400 mudas de árvores para resfriar paredes de escola no Acre. **G1 AC**, Rio Branco, 5 set. 2017. Disponível em: <http://g1.globo.com/ac/acre/noticia/projeto-planta-ao-menos-400-mudas-de-arvores-para-resfriar-paredes-de-escola-no-acre.ghtml>. Acesso em: 12 set. 2017.

1. Qual é a finalidade dessa notícia?

2. Por que esse fato se tornou notícia?

3. Releia a manchete da notícia. O que mais chamou sua atenção?

4. Releia agora o texto que vem abaixo da manchete. Que informações foram abordadas nesse trecho?

5. A notícia traz depoimentos do diretor da instituição, o biólogo Cleilton Pessoa. Qual é a importância de depoimentos em uma notícia?

6. O colégio também desenvolve outras atividades, como a compostagem. Você sabe o que é compostagem e sua importância na preservação da natureza?

7. Releia este trecho da notícia.

> Essa é uma das iniciativas que o **G1** vai destacar no Dia da Amazônia, comemorado nesta terça-feira (5).

- A que se refere a palavra **essa** no contexto da notícia?

DE PALAVRA EM PALAVRA

1. Releia as manchetes das notícias que você leu nesta unidade e observe os verbos destacados.

> FILHOTE DE JACARÉ APARECE EM PÁTIO DE RESIDÊNCIA EM TRAMANDAÍ, RS

> BATALHÃO AMBIENTAL DO AP RESGATA CÃES E GATOS MANTIDOS EM GAIOLAS

> PROJETO PLANTA AO MENOS 400 MUDAS DE ÁRVORES PARA RESFRIAR PAREDES DE ESCOLA NO ACRE

- Em que tempo verbal eles estão?

_____

2. Procure três manchetes de jornal. Recorte e cole em uma folha à parte.
   - Em que tempo verbal são apresentadas essas manchetes?

_____

3. Por que as manchetes geralmente são apresentadas nesse tempo verbal?

   ☐ Para mostrar algo que já aconteceu.

   ☐ Para indicar que o fato é recente e chamar a atenção do leitor.

   ☐ Para mostrar o que o repórter pensa sobre o fato.

4. Releia um trecho da segunda notícia desta unidade.

> O Batalhão Ambiental resgatou na tarde de domingo (29) quase 20 animais que estavam sendo mantidos dentro de gaiolas no interior de uma casa, localizada no bairro Beirol, Zona Sul de Macapá. Além das condições desagradáveis, os bichos corriam riscos de morte sem água e alimentação, informaram os policiais.

- Qual é o tempo verbal do verbo destacado? O que ele indica?

_____

5. O tempo verbal nas notícias é sempre o pretérito? Converse com os colegas e o professor.

6. Releia um trecho da notícia da página 172.

> Os cães e gatos resgatados vão passar por tratamento feito por voluntários da ONG e, em seguida, ficarão disponíveis para a adoção. Os animais silvestres ficaram sob responsabilidade do Batalhão Ambiental.

a) Os verbos destacados estão em diferentes tempos verbais. Quais são eles?

_____

_____

_____

b) Por que aparecem diferentes tempos verbais no mesmo parágrafo?

7. Reúna-se com um colega. Procurem em um jornal uma notícia de seu interesse. Leiam com atenção, observando os tempos verbais empregados.

- Recortem a notícia e colem em uma folha à parte.
- Copiem os verbos e escrevam o tempo verbal em que estão empregados.
- Justifiquem a escolha desses tempos verbais.
- Troquem de folha com outra dupla e, com a ajuda do professor, façam uma avaliação do trabalho dos colegas.

QUAL É A LETRA?

1. Leia esta manchete.

> **Voluntária improvisa camas para proteger cães do frio em terminal de ônibus em Curitiba**
>
> Voluntária improvisa camas para proteger cães do frio em terminal de ônibus em Curitiba. **G1 PR**, Curitiba, 12 maio 2017. Disponível em: <https://g1.globo.com/pr/parana/noticia/voluntaria-improvisa-camas-para-proteger-caes-do-frio-em-terminal-de-onibus-em-curitiba.ghtml>. Acesso em: 12 set. 2017.

- Você sabe qual é o significado de **improvisar**? Leia este verbete e descubra três dos significados dessa palavra.

> *improvisar*
>
> **im.pro.vi.sar**
>
> [...]
>
> **1** Criar, dizer, compor ou organizar algo às pressas, sem preparo prévio: [...]
> **2** Inventar algo (desculpa ou mentira) na hora; mentir: [...]
> **3** Criar ou fazer algo adaptando o que se tem à disposição: [...]
>
> Michaelis Dicionário Brasileiro da Língua Portuguesa. Disponível em: <http://michaelis.uol.com.br/moderno-portugues/busca/portugues-brasileiro/improvisar/>. Acesso em: 11 set. 2017.

a) Sublinhe o significado mais adequado ao contexto da manchete.

b) Qual é a classe gramatical dessa palavra?

_____

2. Observe as palavras do quadro.

| análise | pesquisa | piso | revisão | paralisação |

a) A que classe gramatical pertencem essas palavras?

_____

b) Utilize as palavras do quadro e siga o modelo:

_____ improviso _____ → _____ improvisar _____

_____ → _____

_____ → _____

_____ → _____

_____ → _____

_____ → _____

c) O que todas as palavras que você escreveu têm em comum?

   Pista Observe as sílabas dessas palavras para responder.

_____

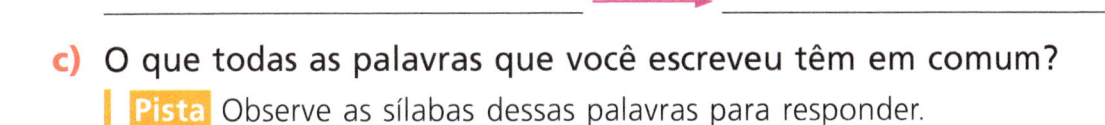

d) Que terminação têm os verbos formados a partir dos substantivos?

_____

e) Por que essa terminação é escrita com **s**?

_____

3. Observe agora estas palavras.

atual → atualizar

canal → canalizar   ameno → amenizar

a) Quais dessas palavras são verbos?

_____

b) O que há de semelhante na escrita desses verbos?

_____

c) Você sabe por que esses verbos são escritos com a letra **z** e não com a letra **s**?

_____

_____

185

MÃO NA MASSA!

Notícia é um texto informativo de interesse público, que relata algum fato recente. Os temas das notícias podem ser culturais, sociais, econômicos, políticos e outros.

As notícias podem ser divulgadas em jornais impressos e virtuais, no rádio, na televisão e em revistas.

Vamos relembrar as principais características da notícia.

- Antes do texto, a notícia apresenta uma **manchete**, que chama a atenção e indica o assunto que será tratado. Em geral, a manchete é composta de verbos no presente e não possui artigos.
- Algumas notícias trazem um texto em destaque logo após a manchete, um breve resumo dos pontos principais que serão tratados.
- A notícia pode vir acompanhada de fotografias e legendas, que comprovam a veracidade dos fatos e contribuem para chamar a atenção do leitor.
- Muitas notícias trazem depoimentos das pessoas envolvidas ou de autoridades no assunto a que se referem.
- A linguagem utilizada na escrita deve ser clara e objetiva. O autor da notícia – o jornalista – precisa ser imparcial, isto é, não deve emitir sua opinião a respeito do fato noticiado. Por isso, o texto é escrito em 3ª pessoa.

1. Vamos escrever uma notícia? Converse com os colegas e com professores de outras disciplinas e observem se na comunidade onde vocês moram é possível identificar fatos importantes que aconteceram. Vejam se os fatos são significativos para as pessoas da comunidade. Vocês podem montar um jornal impresso com as notícias produzidas ou postá-las em um *site* da escola.

2. Façam uma lista dos fatos que identificaram. Depois, organizem grupos e decidam com o professor a distribuição dos fatos.

3. Organize com seu grupo a escrita da notícia.

- Escrevam a manchete, lembrando-se de que ela deve despertar no leitor a vontade de ler a notícia.
- Escrevam a notícia e, se possível, acrescentem depoimentos dos alunos da escola ou de pessoas do bairro a respeito do assunto tratado.
- Usem os tempos verbais adequados na manchete e no corpo da notícia.
- Lembrem-se de usar aspas ao transcrever os depoimentos.
- Se possível, fotografem algo relacionado ao fato tratado na notícia e criem a legenda.
- Observem a organização dos parágrafos e o uso adequado da pontuação.
- Confiram a ortografia das palavras. Em caso de dúvida, consultem o dicionário.
- Verifiquem se utilizaram pronomes para evitar repetições.
- Façam a revisão dos textos e preparem-se para montar o jornal da sala, que será distribuído na escola e/ou no bairro.

4. Revejam alguns dados essenciais para escrever e organizar a notícia.

- Qual é o fato principal?
- Quem são as pessoas envolvidas?
- Quando o fato ocorreu?
- Onde ocorreu o fato?
- Como aconteceu?
- Por que o fato aconteceu?

5. Escrevam a notícia em uma folha à parte.

DE OLHO NO TEXTO

1. Releiam a notícia que vocês escreveram e vejam as observações feitas pelo professor.

- Verifiquem o que vocês precisam corrigir ou acrescentar na notícia que escreveram.
- Façam um planejamento do que vocês precisam refazer e organizem as ideias em uma folha à parte.
- Desenvolvam os trechos necessários seguindo as instruções dadas pelo professor.
- Reescrevam o texto.
- Releiam para verificar se contemplaram os aspectos mencionados.

2. Reúnam-se com outro grupo e troquem os textos. Eles vão ler a notícia e conferir se vocês conseguiram contemplar o que foi pedido. Vocês farão o mesmo com a notícia deles.

3. Após a leitura, escrevam, em uma folha à parte, um bilhete ao grupo fazendo comentários sobre o que vocês leram.

  a) Verifiquem se é possível entender:
   - O que aconteceu?
   - Quem são os envolvidos?
   - Quando ocorreu o fato?
   - Onde ocorreu?
   - Como aconteceu?
   - Por que o fato aconteceu?

  b) Apontem os aspectos positivos do que eles escreveram e comentem o que é necessário ampliar ou refazer.

4. Entreguem aos colegas o bilhete e o texto deles. Leiam o que eles escreveram para vocês.

  a) Reescrevam a notícia fazendo as alterações que ainda são necessárias.

  b) Releiam a notícia e entreguem ao professor.

5. Reúna-se com três colegas para analisar um jornal. Esta atividade vai prepará-los para montar o jornal da classe.

Verifiquem quais cadernos (ou seções) compõem o jornal e como as notícias são apresentadas em cada um deles. Conversem sobre os itens a seguir:

- Que assuntos são tratados em cada caderno?
- Os assuntos estão relacionados com o nome do caderno?
- De que forma aparece a divisão dos parágrafos (espaçamento maior entre as linhas ou recuo da margem)?
- As notícias apresentam manchete?
- Quais notícias apresentam fotografia e legenda?
- É possível perceber por que essas notícias apresentam fotografia?
- O fato noticiado está explícito no primeiro parágrafo?
- Os outros parágrafos da notícia desenvolvem o assunto?
- Há depoimento de alguém para acrescentar informações à notícia?
- Há o nome do jornalista que escreveu a notícia?
- As notícias na internet também aparecem separadas em seções?
- Como são organizadas as notícias na internet?
- Quais são as diferenças entre as notícias nos jornais impressos e na internet?

6. Qual assunto despertou mais o interesse de vocês? Por quê? Converse com os colegas e o professor.

189

ORALIDADE EM AÇÃO

1. Você e seu grupo vão transformar o jornal escrito em jornal falado.

O professor vai determinar o dia da apresentação e convidar outra turma para assistir ao jornal.

Organizem coletivamente a ordem de apresentação das notícias.

2. Para organizar a apresentação, sigam os itens sugeridos.

- Escolham quem serão os apresentadores, o repórter e o(s) entrevistado(s).
- Todos devem saber suas falas de memória. Se necessário, façam anotações para ajudar a recordar o que dizer.
- Durante o telejornal, olhem para o público e falem em voz alta.
- Fiquem atentos para utilizar uma boa entonação de voz e gestos para acompanhar a fala.
- Utilizem vocabulário apropriado a uma apresentação jornalística. De preferência, sem gírias nem expressões informais (como "né", "tá" e outras).
- Mantenham uma boa postura.

3. Após as apresentações, analisem as questões a seguir.

- As apresentações do jornal envolveram os telespectadores?
- Ficaram atentos ao que foi apresentado?
- A linguagem da apresentação foi adequada ao contexto que envolve o jornal?
- Houve mudança na opinião dos telespectadores em relação ao fato noticiado depois da apresentação?
- As notícias ampliaram o universo de conhecimento a respeito dos assuntos apresentados?
- Qual notícia foi a mais interessante? Por quê?

FIQUE LIGADO

Se você gosta de esportes, leia *on-line* o jornal **Lance** e fique por dentro de tudo o que acontece no mundo esportivo. Ele está disponível em: <http://livro.pro/4eaarf> (acesso em: 13 set. 2017).

Nestes outros **jornais virtuais** você tem a notícia ao alcance das mãos, seja no celular, no *tablet* ou no computador.

Folhinha. Disponível em: <http://livro.pro/m3fc89>.

Jornal Joca. Disponível em: <http://livro.pro/vhvien>.

Acessos em: 13 set. 2017.

IDEIA PUXA IDEIA

Leia este texto com o professor.

03/09/2013 07h48 - Atualizado em 03/09/2013 08h54

Árvores equilibram a temperatura e deixam o ambiente mais oxigenado

O verde também reduz o ruído das ruas. Tempestade de verão em lugar sem árvore é mais intensa e devastadora.

Do G1 São Paulo

Além de manter a cidade mais verde e mais bonita, as árvores também têm outras funções: elas controlam um pouco as tempestades de verão, absorvem a poluição, reduzem o ruído das ruas e deixam o ar mais fresco.

Dados mostram que a temperatura em uma região não arborizada em São Paulo pode ser entre oito e dez graus mais alta do que em uma região arborizada. Isso acontece no Brás, um dos bairros com menos verde.

Segundo especialista, se não fosse o verde urbano, São Paulo seria insuportável de morar. "Nossa vida seria extremamente crítica e afetaria até nosso lado emocional", diz a diretora da SOS Mata Atlântica Marcia Hirota.

"As árvores regulam a temperatura, mantêm o ambiente mais fresco, mais úmido, mais oxigenado. Aumentam a capacidade do solo de absorver a chuva de verão", explica o professor de hidrometeorologia da USP Augusto José Pereira Filho. Tempestade de verão em lugar sem árvores é ainda mais intensa e devastadora.

O biólogo Marcos Buckeridge explica que a árvore também faz o papel de umidificador do ar. "As árvores funcionam como umidificadores, ar-condicionado. A árvore também funciona como um controlador da água que entra no solo, porque as raízes deixam o solo mais fofo, o solo absorve mais água e melhora o funcionamento das enchentes."

Hidrometeorologia: ramo da meteorologia (ciência que estuda os fenômenos atmosféricos para poder prevê-los) voltado para a presença da água na atmosfera, especialmente as precipitações.

Árvores equilibram a temperatura e deixam o ambiente mais oxigenado. **G1 São Paulo**, 3 set. 2003. Disponível em: <http://g1.globo.com/sao-paulo/verdejando/noticia/2013/09/arvores-equilibram-temperatura-e-deixam-o-ambiente-mais-oxigenado.html>. Acesso em: 20 set. 2017.

1. De que forma a arborização pode deixar a temperatura mais amena?

_____

_____

- Como as árvores colaboram na absorção da água das chuvas?

_____

_____

2. Observe o infográfico que mostra o ciclo da água.

a) De que maneira as árvores colaboram na formação de chuvas?

b) Que outros elementos colaboram na formação das chuvas?

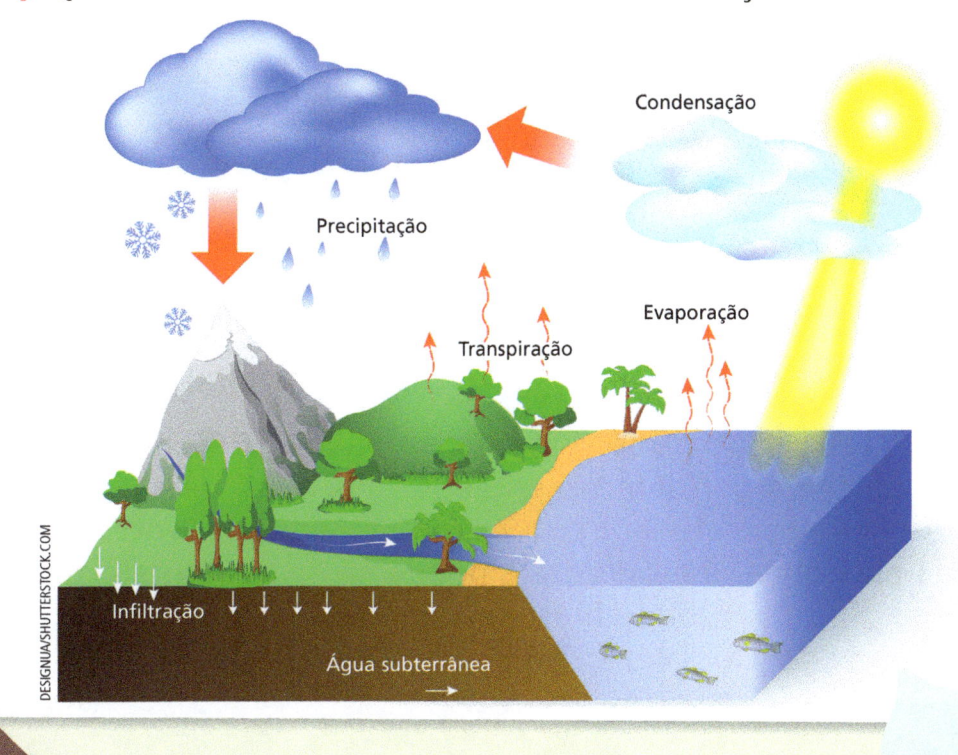

193

MEU LUGAR NO MUNDO

PAPEL

▼ PRÁTICAS SUSTENTÁVEIS

1. Observe este cartaz sobre uma campanha de coleta seletiva de lixo e converse com os colegas e o professor sobre as questões propostas.

MUDE DE ATITUDE E AJUDE MUITA GENTE A GANHAR A VIDA.

Separar o lixo úmido do seco facilita o trabalho dos catadores. Limpe as embalagens por dentro, retirando toda a sujeira antes de jogar fora. Assim, mais material é aproveitado e reciclado. Você ajuda a gerar renda para quem mais precisa e poupa recursos naturais. Saiba mais no brasil.gov.br

SEPARE O LIXO E ACERTE NA LATA

SECO: Latas, Papéis, Plástico, Vidro
ÚMIDO: Restos de comida, Cascas e ossos, Pó de café e chá, Galhos e podas

Ministério do Desenvolvimento Social e Combate à Fome
Ministério do Meio Ambiente
GOVERNO FEDERAL BRASIL PAÍS RICO É PAÍS SEM POBREZA

MINISTÉRIO DO MEIO AMBIENTE/GOVERNO FEDERAL

Separar o lixo úmido do seco facilita o trabalho dos catadores. Limpe as embalagens por dentro, retirando toda a sujeira antes de jogar fora. Assim, mais material é aproveitado e reciclado. Você ajuda a gerar renda para quem mais precisa e poupa recursos naturais. Saiba mais no **brasil.gov.br**.
SEPARE O LIXO E ACERTE NA LATA.

a) De acordo com o cartaz, como a população pode ajudar nessa campanha?

b) Quais são os benefícios da coleta seletiva de lixo?

c) Explique a relação da imagem representada no cartaz com o objetivo da campanha.

d) Explique o significado da frase "SEPARE O LIXO E ACERTE NA LATA.".

2. Observe agora este outro cartaz.

Promova a transformação.

Mude hábitos em casa, no trabalho, na escola, engaje-se em projetos transformadores em sua cidade. Participe, compartilhe e dê o exemplo.

akatu.org.br

akatu
Consumo consciente para um futuro sustentável.

a) Qual é a finalidade do cartaz?

b) Você participa de algum projeto transformador? Onde? Qual é a sua participação nesse projeto?

c) Na sua cidade existe algum projeto que incentiva a população a promover práticas sustentáveis? Faça uma pesquisa e anote as informações.

3. Converse com os colegas e o professor sobre a possibilidade de promover projetos transformadores na comunidade escolar. Discutam o que pretendem fazer e elaborem um planejamento para que as ações possam ter resultado positivo.

UNIDADE 7
NO MUNDO DA MITOLOGIA GREGA

Converse com os colegas e responda às questões.

1. Observe a cena. Onde estão as crianças? Formule uma hipótese.
2. Você já conhecia alguma destas personagens? Qual ou quais?
3. Conte aos colegas uma história que você conhece em que apareça pelo menos uma dessas personagens.

CAPÍTULO 1
E A TERRA SURGIU...

- Você sabe como surgiu a Terra? Conhece alguma história que explica seu surgimento?

Leia o texto e tente descobrir.

Prometeu

Prometeu e seu irmão, Epimeteu, eram titãs, membros de uma raça de gigantes. No início dos tempos, os deuses travaram uma grande batalha contra os titãs para decidir quem governaria o universo. Os deuses venceram, e quase todos os titãs foram destruídos.

Os deuses criaram a terra a partir dos corpos dos adversários mortos. Com os ossos dos titãs fizeram os rochedos e as montanhas. Com o sangue fizeram o mar, os lagos e os rios. Fizeram as estrelas com seus olhos, o capim e as árvores com seus cabelos.

Como Prometeu e seu irmão tomaram o partido dos deuses, foram recompensados com a tarefa de povoar o mundo com seres vivos. Pela terra já rastejavam criaturas pálidas e disformes. Zeus, o rei dos deuses, entregou a Epimeteu uma grande quantidade de dons, encarregando-o de distribuí-los entre aquelas criaturas. Prometeu deveria inspecionar o trabalho do irmão, garantindo que cada ser recebesse de fato uma dádiva.

Epimeteu apressou-se em distribuir os dons dos deuses. A algumas criaturas ele deu a capacidade de voar, a outras, o dom de nadar no mar. Algumas ganharam garras e dentes afiados. A outras foi dada a habilidade de correr, escavar e saltar. Algumas criaturas ganharam penas, outras receberam pelos. Algumas ganharam escamas, outras receberam conchas. Também foram dádivas de Epimeteu a juba do leão, as listras da zebra, a tromba do elefante, a cauda do pavão, as manchas do leopardo.

Depois de repartir todos os dons, Epimeteu chamou Prometeu para ver o que ele tinha feito.

— Belo trabalho — disse Prometeu. Mas, ao notar duas criaturas muito frágeis, que rastejavam nuas pelo chão, ele perguntou: — E esses dois? São seres humanos. Não tem nada para lhes oferecer?

— Ora, eu me esqueci dos humanos! Nunca reparei neles — disse Epimeteu, muito confuso. — O que vamos fazer? Distribuí todos os dons de Zeus aos outros animais. Não sobrou nada.

— Precisamos achar alguma coisa para eles, caso contrário se tornarão as criaturas mais baixas e mais miseráveis da terra — disse Prometeu.

— Já que não sobrou nada, vou ver o que encontro no monte Olimpo, onde moram os deuses.

Prometeu subiu até o alto do monte Olimpo. Levou junto uma tocha apagada, pois já sabia o que tentaria obter para dar aos seres humanos. Sem que ninguém visse, ele acendeu a tocha na roda do carro com que Apolo, deus do sol, atravessava o céu todos os dias. [...]

Mitos gregos, recontados por Eric A. Kimmel. Tradução de Monica Stahel. São Paulo: WMF Martins Fontes, 2013. p. 1-5.

- Será que Prometeu dará a tocha aos humanos? Comente sua hipótese.

Leia agora o final do mito e veja se sua hipótese se confirmou ou não.

[...] Então Prometeu correu montanha abaixo e entregou a tocha acesa aos seres humanos, dizendo:

— Vocês serão fracos e nus para sempre. Nunca terão a força do elefante, nem a velocidade do cavalo, nem a astúcia da serpente, nem a majestade da águia. Mas, com a dádiva que estão recebendo agora, poderão dominar todos esses animais. Este é o fogo. Se o usarem com prudência, poderão governar o mundo. Se o usarem com imprudência, poderão destruir a si mesmos. A escolha é de vocês.

No início, os seres humanos usaram o fogo para se aquecer. Mais tarde, aprenderam a fazer roupas e ferramentas, aprenderam a caçar e a cultivar frutas e verduras. Construíram aldeias, depois povoados e cidades.

Abutre: nome dado a várias espécies de aves de rapina que se alimentam de carniça.

Os seres humanos tornaram-se senhores do mundo. Passaram a governar os outros animais, como fazem até hoje. Mas nem sempre se mostraram dignos da dádiva de Prometeu.

Zeus ficou furioso quando soube o que Prometeu fizera. De posse do fogo, os homens poderiam tornar-se poderosos e ousados. Talvez algum dia chegassem até a desafiar os deuses.

Então Zeus condenou Prometeu a um terrível castigo. Mandou acorrentá-lo a uma rocha, no topo de uma montanha. Lá, um abutre faminto vai sempre arrancar um pedaço de sua carne, que se recompõe à medida que é devorada.

Às vezes, quando sua tortura se torna insuportável, Prometeu solta gemidos e tenta soltar-se das correntes, fazendo a terra tremer. Por isso acontecem os terremotos.

Mitos gregos, recontados por Eric A. Kimmel. Tradução de Monica Stahel. São Paulo: WMF Martins Fontes, 2013. p. 1-5.

1. Você sabe o que é um mito?
   - Por que essa história é considerada um mito?

2. Quem são as personagens desse mito?

   _____

3. Organize os acontecimentos numerando as afirmações na ordem em que aparecem no mito.

   ☐ Os seres humanos foram esquecidos. Para recompensá-los, Prometeu deu a eles o fogo roubado dos deuses.

   ☐ Os seres humanos dominaram o fogo e tornaram-se senhores do mundo.

   ☐ Os deuses e os titãs travaram uma batalha pelo governo do universo.

   ☐ Por terem ficado do lado dos deuses, Prometeu e Epimeteu foram encarregados de povoar o mundo com seres vivos.

   ☐ Os deuses venceram e quase todos os titãs foram destruídos.

   ☐ Furioso, Zeus condenou Prometeu a um terrível castigo.

4. Segundo o mito, explique como os deuses, vencedores da batalha contra os titãs, criaram estes elementos.

   a) A terra.

   _____

   b) O mar, lagos e rios.

   _____

   c) As estrelas.

   _____

   d) O capim e as árvores.

   _____

5. Como recompensa por terem ficado do lado dos deuses, Prometeu e Epimeteu foram encarregados de povoar o mundo com seres vivos.
De acordo com os dons distribuídos, identifique quem são os seres.

a) Criaturas com capacidade de voar.
_____

b) Outras com o dom de nadar.
_____

c) Algumas ganharam garras e dentes afiados.
_____

d) A outras foi dada a habilidade de correr, escavar e saltar.
_____
_____

e) Algumas criaturas ganharam penas.
_____

f) Outras receberam pelos.
_____

g) Algumas ganharam escamas.
_____

h) Outras receberam conchas.
_____

6. Os mitos, em geral, trazem explicações sobre elementos da natureza. Quais explicações aparecem nesse mito?
_____
_____
_____

• Essas explicações são reais ou fictícias? Justifique.

7. Muitas vezes os mitos apresentam seres fantásticos ou com poderes mágicos. Quais são os poderes mágicos no mito que você leu?

_____

_____

_____

8. Como os seres humanos eram considerados no início do mundo? Por quê?

_____

_____

- Em que momento do mito há uma mudança nessa maneira de ver os seres humanos?

_____

_____

9. Você conhece outros mitos gregos? Converse com o professor e faça uma visita à biblioteca da escola.

a) Com ajuda de um adulto, selecione livros com histórias da mitologia grega.

b) Escolha um mito que achou interessante e leia-o.

c) Conte a um colega o mito que você leu e explique por que gostou da história.

10. Quais elementos fazem parte da cultura de um povo?

_____

_____

_____

- Os mitos gregos são elementos da cultura? Justifique.

_____

_____

_____

PALAVRAS NO DICIONÁRIO

1. Observe algumas definições dos verbetes **mitologia** e **mito**.

mi.to.lo.gi.a sf **1.** Estudo, explicação e interpretação dos mitos; **2.** história fabulosa dos deuses, semideuses e heróis da Antiguidade.

Antônio Soares Amora. **Minidicionário Soares Amora da língua portuguesa**. São Paulo: Saraiva, 2009. p. 466.

mito (mi.to) sm **1.** Fábula sobre deuses, heróis ou seres fantásticos que representa de maneira simbólica as forças da natureza e os aspectos da vida humana (*Segundo o mito grego de Prometeu, ele seria um titã que roubou o fogo dos deuses para entregá-lo aos homens.*); **2.** pessoa a quem se atribuem características extraordinárias e que se torna um símbolo, uma referência (*O sucesso mundial da cantora Madonna acabou transformando-a em um mito.*); **3.** fig conceito imaginário tido como ideal; estereótipo (*o mito da mulher perfeita*); **4.** afirmação inverídica disseminada como verdadeira (*A ideia de que as sextas-feiras 13 são dias de azar é um mito.*).

Saraiva Jovem: dicionário da língua portuguesa ilustrado. São Paulo: Saraiva, 2010. p. 734.

- Qual dos significados de **mito** se refere ao texto que você leu? Grife no verbete.

2. Em cada frase indique o número que corresponde ao significado da palavra **mito**, de acordo com o verbete.

a) Dizer que gato preto dá azar não passa de um mito.

b) Nos mitos romanos, Cupido é o deus do amor.

c) Ele se tornou um grande mito do futebol.

3. Releia esta frase do mito de Prometeu e observe a palavra destacada.

> Pela terra já rastejavam criaturas pálidas e disformes.

a) Você encontraria a palavra disformes no dicionário? Justifique sua resposta.

_____

_____

b) Procure essa palavra no dicionário e escreva o significado mais adequado ao contexto.

_____

4. Releia com um colega este outro trecho do mesmo mito.

> Como Prometeu e seu irmão tomaram o partido dos deuses, foram recompensados com a tarefa de povoar o mundo com seres vivos.

a) Consultem o dicionário e encontrem o significado da palavra partido mais adequado ao texto.

_____

b) No trecho, partido é substantivo ou adjetivo? O que vocês observaram para responder? Contem aos colegas e ao professor.

c) No contexto do mito, o que significa dizer que os titãs tomaram o partido dos deuses?

5. Escreva uma frase utilizando a palavra partido como adjetivo.

_____

_____

6. Quando você consulta um dicionário, a indicação da classe gramatical da palavra ajuda a perceber o significado mais adequado a determinado contexto?

205

TEM MAIS MITO!

1. Você já ouviu falar no Minotauro? Leia o texto para saber quem é.

Minotauro é um monstro que vive em um labirinto

ARTHUR NESTROVSKI
Especial para a Folha

O Minotauro era o "bichinho" de estimação do rei Minos. Ele era muito feio e feroz. Um monstro com cabeça de touro e corpo de gigante. Por ordem do rei, o Minotauro vivia escondido dos habitantes de Creta em um labirinto. Só mesmo um grande herói, como Teseu, seria capaz de enfrentar o monstro.

No labirinto de Creta, vivia o Minotauro. Era um monstro gigantesco, com corpo de gente e cabeça de touro. Vivia escondido dos homens por ordem do rei Minos. Uma vez a cada nove anos, chegava a Creta um navio de Atenas, com sete rapazes e sete moças, que eram devorados pelo Minotauro.

Os atenienses eram obrigados a mandar seus filhos para o sacrifício, por causa de uma guerra antiga entre Atenas e Creta.

Na terceira vez que isto estava para acontecer, Teseu, o grande herói de Atenas, declarou que dessa feita ele queria ser um dos sete rapazes. Teseu estava certo de que ia matar o Minotauro.

Chegando a Creta, Teseu e seus companheiros apresentaram-se ao rei Minos. A filha do rei, Ariadne, se apaixonou por Teseu à primeira vista. Ela lhe deu uma espada e um fio de linha.

A espada é óbvio! era para matar o Minotauro. E o fio de linha? "Amarre uma ponta do fio na cintura e a outra na entrada do labirinto", explicou Ariadne a Teseu. "Para sair do labirinto, basta caminhar de volta seguindo o fio."

Teseu deu de cara com o Minotauro numa das voltas do labirinto. Sentiu muito medo, porque o Minotauro tinha o dobro do tamanho dele e era o bicho mais feio da Terra. Mas nestas horas um herói não pensa nada: ataca seja o bicho feio que for. Com a espada de Ariadne, Teseu matou o Minotauro.

De um labirinto daqueles, era quase impossível sair mas não para quem tem um fio de linha. [...]

Arthur Nestrovski. Minotauro é um monstro que vive em um labirinto. **Folhinha**. Contos e crônicas. Disponível em: <http://www1.uol.com.br/criancas/conto/ct01.htm>. Acesso em: 19 set. 2017.

2. Leia a primeira frase do texto. Por que o termo "bichinho" aparece entre aspas?

• Neste caso, qual é a função do diminutivo no termo entre aspas?

3. Onde o Minotauro ficava? Do que ele se alimentava?

_____

_____

4. Por que Teseu se ofereceu para ser um dos sete rapazes a ir para Creta?

_____

ARTHUR MASK

5. Ao chegar a Atenas, que ajuda Teseu recebeu para combater o Minotauro? Quem o ajudou e por quê?

_____

_____

6. Releia o 7º parágrafo do texto.

a) Explique o sentido da expressão deu de cara com.

b) Observe o trecho em destaque. A linguagem é formal ou informal?

• De que forma essa linguagem se relaciona com o público-alvo?

7. Na sua opinião, é importante que as histórias sejam recontadas? Justifique.

DE PALAVRA EM PALAVRA

1. Grife os adjetivos que aparecem neste trecho do mito de Prometeu.

> De posse do fogo, os homens poderiam tornar-se poderosos e ousados. Talvez algum dia chegassem até a desafiar os deuses.

a) A quem esses adjetivos se referem?

_____

b) O verbo está no singular ou no plural? Por quê?

_____

2. Na frase "As deusas eram bonitas e gentis e sempre conseguiam tudo o que desejavam", quais são os adjetivos usados para qualificar o substantivo?

_____

- Por que os adjetivos estão no plural e no feminino?

_____

_____

_____

_____

3. Complete as frases com uma das palavras entre parênteses.

a) Os alunos ficaram _____ com a história do Minotauro. (encantada/encantadas/encantado/encantados)

b) O Minotauro era extremamente _____. (feroz/ferozes)

c) Ariadne foi _____ ao dar o fio de linha para Teseu. (esperto/esperta/espertos/espertas)

4. Como você descobriu as palavras adequadas para completar as frases?

5. Leia estas frases.

> **Os** deuses gregos exigiam dos humanos total obediência.

> **As** esculturas de Pigmalião ficavam perfeitas.

> **A** história de Héracles também é um mito grego.

a) Qual é a classe gramatical das palavras destacadas?

_____

b) A qual palavra cada uma delas se refere? Indique com uma seta.

c) A concordância obedece às mesmas regras que você identificou na atividade anterior?

_____

> Lembre-se de que o **substantivo** pode variar em **gênero** (masculino ou feminino) e **número** (singular ou plural).
> O **adjetivo** e o **artigo** devem concordar em gênero e número com o substantivo a que se referem.

6. Escrevam as palavras do quadro em cartões. Depois, sigam as instruções.

> roubou terra alegrias amores felizes deuses distribuíram
> apoiou dons histórias mitologia passaram pessoas fizeram
> homem Zeus era humanos fogo titã poderoso corajosas Olimpo

- Coloquem todos os cartões virados para baixo.
- Façam um sorteio para definir a ordem dos jogadores.
- O primeiro a jogar retira uma carta e lê a palavra em voz alta.
- Todos os jogadores devem escrever uma frase com essa palavra.
- O jogo terá um tempo definido pelo professor.
- No final, verifiquem, com a ajuda do professor, se a concordância entre as palavras das frases formadas está correta.
- Se a concordância estiver correta, o jogador marca cinco pontos para cada frase.
- Em caso de empate, o professor ditará uma nova palavra para finalizar o jogo.

QUAL É A LETRA?

1. Leia estas frases e observe as palavras destacadas.

> ☐ Os mitos gregos existem **há** muitos anos.

> ☐ Daqui **a** algum tempo surgirão outras explicações para certos fenômenos.

a) Assinale a frase em que a palavra destacada refere-se a um fato que ainda vai acontecer.

b) Qual dessas palavras pode ser substituída por **faz**? _____.

c) A que classe gramatical pertence a palavra **há**?

_____

2. Leia agora estas outras frases, observando as palavras destacadas.

> ☐ **Há** uma outra versão do mito de Prometeu.

> ☐ **A** história conta como Prometeu roubou o fogo dos deuses.

a) Em qual das frases podemos substituir a palavra em destaque pelo verbo **existir**? Assinale.

b) Em qual das frases a palavra destacada é um artigo?

_____

3. Assinale a afirmação correta sobre a palavra **a** na frase: "O Monte Olimpo situa-se a cerca de 100 km de distância de Salônica, segunda maior cidade da Grécia".

☐ Indica distância.   ☐ Expressa tempo futuro.   ☐ É um artigo.

> Usa-se **há**:
> - quando o verbo **haver** indica tempo decorrido e é empregado no sentido de **fazer**. Exemplo: **Há** um ano, eu viajei para a Grécia.
> - quando o verbo **haver** tem sentido de **existir**. Exemplo: **Há** muitos mitos que explicam a origem do mundo.

Usa-se **a**:
- para expressar tempo futuro. Exemplo: Daqui **a** um ano viajarei para Atenas.
- como artigo definido. Exemplo: **A** Grécia localiza-se no continente europeu.
- para indicar distância. Exemplo: Atenas, a capital da Grécia, está **a** pouco mais de 500 km de Salônica.

4. Complete as frases com **há** ou **a**.

a) Os mitos são contados de geração em geração _____ muito tempo.

b) O Olimpo era _____ morada dos deuses.

c) Há diferentes formas de contar _____ mesma história.

d) A ilha de Creta fica _____ quase 400 km de Atenas.

5. Como saber quando utilizar **há** ou **a**? Converse com um colega e juntos escrevam uma conclusão.

_____
_____

6. Na frase "Há mitos que contam como surgiu o mundo", que verbo podemos utilizar para substituir o verbo **haver**?

_____

a) Reescreva a frase substituindo **há** pelo verbo que você indicou.

_____

b) O verbo que você usou para substituir **há** deve estar no plural ou no singular? Justifique.

7. Na frase "Há anos que não leio os mitos gregos", que verbo pode substituir o verbo **haver**? _____

a) Reescreva a frase fazendo essa substituição.

_____

b) Você escreveu o verbo no singular ou no plural?

211

REDE DE LEITURA

Você conhece o cavalo-marinho? Sabe por que ele tem esse nome? Leia o texto e saiba mais sobre esse peixe tão diferente!

Galopando pelos mares

[...] Hoje, os cientistas conhecem pouco mais de 50 espécies [de cavalos-marinhos] no mundo, e, em todas elas, é o macho que fica grávido. Ele possui na cauda uma bolsa, onde carrega os filhotes até seu nascimento. Um papai que você nunca viu igual!

No Brasil, há até o momento apenas duas espécies de cavalos-marinhos oficialmente registradas: *Hippocampus reidi* (cavalo-marinho-de-focinho-longo) e *Hippocampus erectus* (cavalo-marinho-de-focinho-curto).

O nome "cavalo-marinho" tem lá seus motivos: repare na foto [...] e me diga se esses bichos não parecem uma mistura de peixe com cavalo! Mas... Por que eles ganharam esses nomes científicos estranhos? É o que você vai descobrir agora!

Monstros marinhos

Para entender o significado do nome *Hippocampus*, que indica o gênero ao qual essas espécies pertencem, primeiro vamos visitar a Grécia Antiga e seus mitos!

Na antiguidade, os gregos acreditavam na existência de um tipo de monstro marinho chamado hipocampo, que tinha a metade da frente do corpo em forma de cavalo e a metade de trás em forma de peixe. Então, diga lá, não foi uma ótima ideia dar o nome de *Hippocampus* aos animais do mundo real que parecem uma mistura de peixe com cavalo?

Mas e o nome específico dos cavalos-marinhos brasileiros, a segunda palavra que forma o seu nome científico? O que quer dizer?

Espécie mais comum no Brasil, o cavalo-marinho-de-focinho-longo vive em regiões de estuário, ou seja, onde os rios encontram o mar, de norte a sul do país.

No caso do *Hippocampus reidi*, é uma homenagem a Earl D. Reid, que foi pesquisador da Divisão de Peixes do Museu Nacional de História Natural dos Estados Unidos. Já no caso do *Hippocampus erectus*, a origem é o latim. O nome *erectus* significa "ereto", "voltado para cima", possivelmente em referência à postura ereta do cavalo-marinho enquanto nada. [...]

Henrique Caldeira Costa. Galopando pelos mares. **Ciência Hoje das Crianças**. Disponível em: <http://chc.org.br/galopando-pelos-mares/>. Acesso em: 19 set. 2017.

1. Qual informação você achou mais interessante? Por quê?

2. Qual é a origem do nome **cavalo-marinho**?

_____

_____

_____

3. No Brasil há duas espécies de cavalo-marinho, e cada uma tem seu nome científico. Por que os animais (e as plantas) recebem nome científico?

4. Onde foi publicado o texto que você leu?
   • A que leitor é dirigida essa publicação?

5. Observe este trecho.

   > Mas e o nome específico dos cavalos-marinhos brasileiros, a segunda palavra que forma o seu nome científico? O que quer dizer?

   a) A quem é dirigida a pergunta?

   _____

   b) Com qual intenção? Assinale.

   ☐ Chamar a atenção para o tema.

   ☐ Levar o leitor a pensar sobre o assunto antes de apresentar a resposta.

   ☐ Para iniciar a entrevista.

6. Reúna-se com um colega. Expliquem a relação desse texto com os mitos gregos.

CAPÍTULO 2
UM ESCULTOR HABILIDOSO

- Você sabe o que faz um escultor? Que materiais ele pode usar em seu trabalho?

Leia um mito que fala de um grande escultor grego e sua estátua mais famosa.

Pigmalião e Galateia

Pigmalião era escultor, o maior de toda a Grécia. Ao observar suas estátuas de mármore, tinha-se a impressão de que a qualquer momento desceriam de seus pedestais e sairiam andando pelo mundo dos vivos. Muita gente jurava que as via respirar.

Os sacerdotes do templo de Pafos, na ilha de Chipre, encomendaram a Pigmalião uma estátua da deusa Afrodite.

Para criar uma estátua maravilhosa, digna do templo da deusa do amor, o escultor escolheu um bloco do mais puro mármore branco. Veios azuis muito finos corriam através da pedra, dando-lhe o aspecto da epiderme humana. E Pigmalião se pôs a trabalhar. Martelava, cinzelava e entalhava dia e noite, sem descanso. Era como se a deusa o chamasse de dentro da pedra, pedindo que a deixasse sair.

— Vou te soltar — dizia Pigmalião, sempre esculpindo.

Finalmente a estátua ficou pronta e Pigmalião pousou seus instrumentos. Mas em vez de se alegrar, ele se pôs a chorar, pois teria de convocar os sacerdotes de Pafos e eles levariam a encomenda embora. Pigmalião não suportava a ideia de se separar daquela estátua, a mais linda que já havia criado. [...]

Quanto mais olhava para a estátua, mais a adorava. O escultor estava apaixonado por sua obra [...]. Amava-a como a uma mulher de verdade, e deu-lhe o nome de Galateia.

Pigmalião pintou os lábios de Galateia de vermelho e seus olhos de azul. E seus cabelos de mármore branco ele pintou de dourado brilhante. [...]

— Olha para mim! Fala comigo! — Pigmalião implorou então. — Eu te amo!

Os olhos de Galateia não piscavam. Seus lábios não se moviam. [...] Finalmente os sacerdotes de Pafos foram ter com Pigmalião.

— Onde está nossa estátua? Por que está demorando tanto?

Pigmalião prometeu que logo a terminaria. Arranjou um outro bloco de mármore e fez outra estátua de Afrodite. [...] Os sacerdotes de Pafos ficaram satisfeitos e levaram a estátua para seu templo. Pigmalião ficou com Galateia. Mas aquela estátua estava acabando com ele. Pigmalião deixou de comer, deixou de dormir. Passava os dias e as noites admirando a mulher que havia criado. Sentia-se definhar aos poucos, sabia que acabaria morrendo.

Então ajoelhou-se diante de Galateia e, com as poucas forças que ainda lhe restavam, fez uma prece a Afrodite:

Pigmalião e Galateia, de Loius Gauffier, 1797. Óleo sobre tela, 67 cm × 51,2 cm. Galeria de Arte de Manchester, Reino Unido.

Cinzelar: esculpir com cinzel, instrumento de aço com ponta de metal afiado.
Entalhar: fazer cortes ou ranhuras, esculpir.

— Afrodite, deusa do amor, ouve minha voz. Já que Galateia não pode ser minha, tira-me a vida. Deixa-me encontrar a paz na morte!

Pigmalião deitou-se no chão, esperando a morte chegar. Então sentiu uma mão suave tocar-lhe a face. Levantou os olhos e viu Galateia. Ela descera do pedestal e seu rosto estava radiante de amor.

Galateia deixara de ser estátua. Transformara-se numa mulher de carne e osso.

— Levanta, Pigmalião — ela disse. — A deusa ouviu tua prece. Teu amor foi tão grande que chegou ao meu coração. Afrodite me deu vida, para que eu pudesse te amar também.

Logo Pigmalião e Galateia se casaram. Ao longo dos muitos anos que viveram juntos, seu amor só fez crescer e se fortalecer. E, no final, Afrodite lhe concedeu uma última bênção. Suas almas deixaram seus corpos ao mesmo tempo, para que nunca tivessem que se separar.

Mitos gregos, recontados por Eric A. Kimmel. Tradução de Monica Stahel. São Paulo: WMF Martins Fontes, 2013. p. 37-40.

AFRODITE TOMA UMA DECISÃO

1. Quem era Pigmalião?

   _____

2. Por que as pessoas que observavam as esculturas de Pigmalião juravam que as viam respirar?

   _____

   _____

3. O material escolhido por Pigmalião para criar a estátua de Afrodite foi importante? Por quê?

   _____

   _____

   _____

4. Por que Pigmalião ficou triste ao acabar a estátua da deusa Afrodite?

   _____

   - Como o escultor conseguiu resolver esse problema?

     _____

5. Pigmalião sabia que acabaria morrendo sem o amor de Galateia. O que ele pediu a Afrodite, a deusa do amor?

   _____

   _____

   - Afrodite atendeu ao pedido de Pigmalião? Por quê?

     _____

     _____

     _____

6. Como termina a história?

_____

_____

7. Observe esta escultura.

Afrodite recostada. Século II. Cópia de original grego do século V a.C. Museu Arqueológico Nacional. Nápoles, Itália.

a) Leia a legenda e responda: Quem ela representa?

b) Em sua opinião, por que a escultura está em um museu?

c) Na sua opinião, o escultor que a criou é habilidoso? Por quê?

d) A escultura **Afrodite recostada** representa uma época antiga ou moderna?

e) De que forma essa estátua se relaciona com o que foi narrado no mito?

f) Pode-se dizer que o mito **Pigmaleão e Galateia** retrata uma época? O que você analisou para responder?

217

DE PALAVRA EM PALAVRA

1. Releia estes trechos do mito **Pigmalião e Galateia**.

> Para criar uma estátua maravilhosa, digna do templo da deusa do amor, o escultor escolheu um bloco do mais puro mármore branco.

> Pigmalião ficou com Galateia. Mas aquela estátua estava acabando com ele. Pigmalião deixou de comer, deixou de dormir.

a) Circule as palavras usadas para fazer referência a Pigmalião.

b) Por que essas palavras foram usadas?

_____

2. Este trecho do mito foi alterado. Substitua as palavras entre parênteses por outras que evitem repetições. Trabalhe com um colega.

> Finalmente a estátua ficou pronta e Pigmalião pousou seus instrumentos. Mas em vez de se alegrar, (Pigmalião) _____ se pôs a chorar, pois teria de convocar os sacerdotes de Pafos e (os sacerdotes de Pafos) _____ levariam a encomenda embora. Pigmalião não suportava a ideia de se separar daquela estátua, a mais linda que já havia criado. Sentou-se diante (da estátua) _____ para (contemplar a estátua) _____ e lá ficou durante horas.

3. A palavra **a** aparece duas vezes nesta frase, com funções diferentes.

> Quanto mais olhava para **a** estátua, mais **a** adorava.

a) Qual dessas palavras tem a função de determinar o substantivo **estátua**?

_____

b) Qual delas foi usada para substituir a palavra **estátua**?

_____

4. Leia mais um mito recontado e observe as palavras destacadas.

Ícaro constrói asas de cera para fugir de Creta

ARTHUR NESTROVSKI
Especial para a Folhinha

[...] O maior inventor da Grécia se chamava Dédalo. Ele também era escultor e todo mundo dizia que as estátuas dele pareciam gente de verdade.

Naquela época, todas as estátuas eram talhadas com os olhos fechados e foi Dédalo quem esculpiu, pela primeira vez, uma estátua de olhos abertos.

Dédalo vivia preso, com seu filho Ícaro, na ilha de Creta.

O rei Minos, que era o rei de Creta, tratava-o muito bem, mas não deixava que fosse embora, nem só para passear, porque tinha medo que outro rei quisesse ficar com ele.

Foi Dédalo quem construiu um labirinto para o Minotauro, um monstro com cabeça de touro e corpo de gigante, que era o bicho de estimação do rei Minos.

A queda de Ícaro, de Jacob Peter Gowy. Entre 1635 e 1637. Óleo sobre tela. 195 cm × 180 cm. Museu do Prado, Madri (Espanha).

Mas Dédalo tinha um plano para fugir de Creta. Durante meses, ele foi juntando todas as penas de pássaro que encontrava.

Grudava umas nas outras com cera de abelha e passava um fio para prender melhor. Assim construiu quatro asas, iguaizinhas às de um pássaro. Duas eram para ele, duas para Ícaro.

"Muito cuidado, meu filho", aconselhou Dédalo. "Não voe baixo demais que a água do mar pode molhar as asas; e não voe muito alto, ou o calor do sol vai derreter a cera."

Os dois fugiram voando da ilha. Entusiasmado com as asas, Ícaro esqueceu dos conselhos do pai e foi voando cada vez mais alto.

Dédalo tentou ir atrás dele, mas já era tarde: a cera derreteu e Ícaro acabou caindo no mar. [...]

Arthur Nestrovski. Ícaro constrói asas de cera para fugir de Creta. **Folha de S.Paulo**. Disponível em: <http://www1.folha.uol.com.br/fsp/1994/12/16/folhinha/4.html>. Acesso em: 19 set. 2017.

• A quem se referem as palavras destacadas?

QUAL É A LETRA?

1. Leia estas duas palavras em voz alta.

> trás   traz

- Elas soam de maneira igual ou diferente?

2. Agora, leia um trecho do mito de Ícaro. Repare que a palavra **atrás** é formada por **a + trás**.

> Dédalo tentou ir atrás dele, mas já era tarde: a cera derreteu e Ícaro acabou caindo no mar.

- O que a palavra **atrás** indica no texto? Assinale a alternativa correta.

☐ Indica que Ícaro estava adiante, à frente de Dédalo.

☐ Significa que Dédalo estava adiante, à frente de Ícaro.

> A palavra **trás** significa "em posição posterior". Vem sempre acompanhada de outra palavra, formando uma locução, que pode ser escrita junto ou separadamente: **atrás**, **atrás de**, **detrás**, **de trás**, **para trás**, **por trás**. Escreve-se com **s** e recebe acento.

3. Leia este provérbio popular.

> O que o vento **traz**, o tempo leva.

- Qual é o significado da palavra destacada?

_____

> A palavra **traz** é uma forma conjugada do verbo **trazer**. Escreve-se com **z** e não recebe acento.

4. Como não errar mais na escrita das palavras **trás** e **traz**? Converse com um colega e escrevam uma conclusão.

_____

_____

5. Complete as frases com as palavras
trás ou **traz**.

a) Ela sempre _____ um lindo anel no dedo.

b) Que mensagem existe por _____ desse mito?

c) A amizade verdadeira _____ boas recordações.

d) O quintal situa-se na parte de _____ da casa.

e) Por que você olhou para _____?

6. Leia as frases e escreva se os termos destacados referem-se a **traz** ou **trás**.

a) O professor **trouxe** um livro interessante sobre a Grécia. _____

b) No aniversário, ela **trará** à escola um bolo de laranja. _____

c) **Detrás** do morro há um riacho de águas cristalinas. _____

d) Você colocou os chinelos **atrás** da cama? _____

e) Os alunos devem **trazer** roupas para a peça teatral. _____

7. Para esta atividade, reúna-se com três colegas. Sigam as instruções.

- Façam um cartão para cada uma destas palavras.

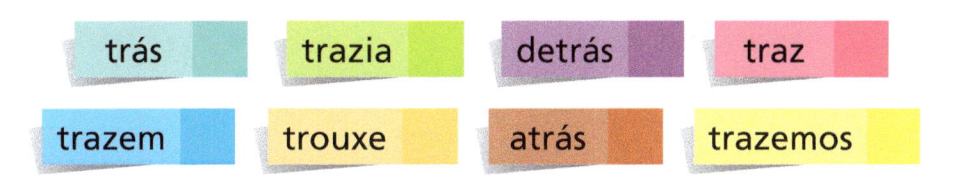

  trás   trazia   detrás   traz

  trazem   trouxe   atrás   trazemos

- Agrupem os cartões virados para baixo e decidam quem iniciará o jogo.
- Um dos participantes pega um cartão e lê a palavra. Os outros devem escrever no caderno uma frase com essa palavra e ler em voz alta.
- O participante que leu a palavra deve corrigir as frases. Cada participante que escrever uma frase coerente e com a grafia correta da palavra lida ganha cinco pontos.
- Aquele que lê a palavra e faz as correções ganha o mesmo número de pontos.
- No final de seis rodadas, os participantes devem somar os pontos. Ganha quem tiver mais.

MÃO NA MASSA!

Os textos que você leu nesta unidade são mitos gregos. Leia uma explicação sobre os mitos.

O que são mitos?

Os **mitos** são histórias sobre um passado bem distante que, ao mesmo tempo, **dão sentido à vida no presente**, pois explicam como o mundo, os seres e as coisas vieram a ser como são.

São contados e recontados pelos mais velhos aos mais novos. É assim que importantes conhecimentos são transmitidos oralmente de uma geração para outra. Os mitos se relacionam com a vida social, os rituais, a história e o modo de viver e pensar de cada sociedade e, por isso, expressam maneiras diferentes de ver a vida, a morte, o mundo, os seres, o tempo, o espaço... São parte da tradição de um povo, mas essa **tradição sempre se transforma**!

Como isso acontece?

Toda vez que um mito é contado, ele pode ser recriado por quem o conta. As experiências vividas e os acontecimentos considerados importantes no momento da narração podem influenciar o narrador, alterando a história. Por essa razão, os mitos estão sempre se modificando! E é por isso que **existem várias versões de um mesmo mito**, isto é, há diferentes formas de contar uma mesma história.

Mitos gregos

Geralmente quando pensamos em mitos, lembramos as histórias de heróis e deuses gregos, como Hércules, Aquiles, Agamenon, Zeus, Afrodite, Apolo, Ártemis, Hermes...

Escultura em mármore do deus grego Zeus.

Não é à toa que isso acontece, já que foi na **Grécia Antiga** que surgiu a palavra **mito**. Em grego, mito se escreve assim: *mythos*.

Esses mitos eram contados pelos antigos gregos e falam sobre as origens do mundo e as aventuras dos deuses, deusas, heróis, heroínas e outras criaturas, como o minotauro, o centauro, as ninfas... Parte dessas histórias foi registrada por importantes poetas gregos, como Homero e Hesíodo, e esses antigos escritos são a fonte do que se sabe hoje sobre a mitologia grega. [...]

Povos indígenas no Brasil Mirim. **Mitos**. Disponível em: <https://mirim.org/como-vivem/mitos>. Acesso em: 19 set. 2017.

1. Você vai reproduzir o mito **Rei Midas e o toque de ouro**. Antes, para ajudá-lo na produção, converse com um colega sobre a questão a seguir.
   - Nos três mitos lidos nesta unidade, as ações de Prometeu, Ícaro e Pigmalião tiveram consequências? Quais?

2. Agora é a sua vez! O professor irá contar o mito. Escute-o atentamente e faça perguntas se tiver alguma dúvida.

   Depois de ouvir o professor, faça anotações em uma folha à parte.

   Siga este roteiro.

- Apresente a situação inicial: descreva quem é o rei Midas, suas características principais e seu maior desejo.
- Explique quem é Dioniso, como ele aparece na história e quais são suas ações.
- Apresente o conflito que desencadeará toda a história, ou seja, o que aconteceu com o rei após ter seu pedido atendido.
- Descreva detalhadamente o que acontecia todas as vezes que Midas tocava em algo.
- Narre o desfecho. Explique se o rei Midas aprendeu a lição ou não e o que Dioniso resolveu fazer diante daquela situação.
- Não se esqueça da finalização. Conte a reação do rei Midas e o que ele passou a fazer depois de tudo o que aprendeu.
- Confira a pontuação, a ortografia e a concordância entre as palavras e o uso dos pronomes para evitar repetições.
- Atenção ao tempo verbal: você está narrando fatos que já aconteceram.
- O texto deve ser escrito em 3ª pessoa.
- Empregue palavras diferentes para indicar as mesmas personagens. Você pode se referir ao protagonista utilizando, por exemplo, os termos: Midas, rei, soberano.
- Releia o texto para verificar se contém os aspectos mais importantes do mito.

DE OLHO NO TEXTO

1. Reúna-se com um colega. Sigam as instruções.

a) Leia o texto que o colega escreveu na seção **Mão na massa!** e dê seu texto para ele ler.

b) Preencha no livro do colega o roteiro de revisão de acordo com o que você observou no texto dele.

	Sim	Não	Em parte
Atendeu à proposta de produção, mantendo os mesmos acontecimentos do mito **Rei Midas e o toque de ouro**?			
Conseguiu contar/escrever as partes do enredo: situação inicial, conflito, clímax, desfecho e finalização?			
Apresentou todas as personagens do mito?			
O texto tem coerência, isto é, as ideias se complementam, dando sentido ao que foi escrito?			
Dividiu o texto em parágrafos?			
Pontuou as frases?			
Fez uso adequado das letras iniciais maiúsculas?			
Escreveu corretamente as palavras?			
Utilizou outras palavras para evitar repetições?			

c) Entregue ao colega o texto e o roteiro de revisão preenchido e explique o que considera importante rever. Ele fará o mesmo com o seu texto.

d) Se você ou o colega não concordarem com alguma observação, conversem e tentem explicar seus pontos de vista.

Registre em uma folha à parte as considerações que seu colega fez durante a conversa.

2. Agora, reescreva seu texto, fazendo as alterações necessárias.

3. Você gostaria de ver uma produção sua publicada em um *site*? Veja a imagem da página inicial do *site* **Biblioteca virtual infantil**.

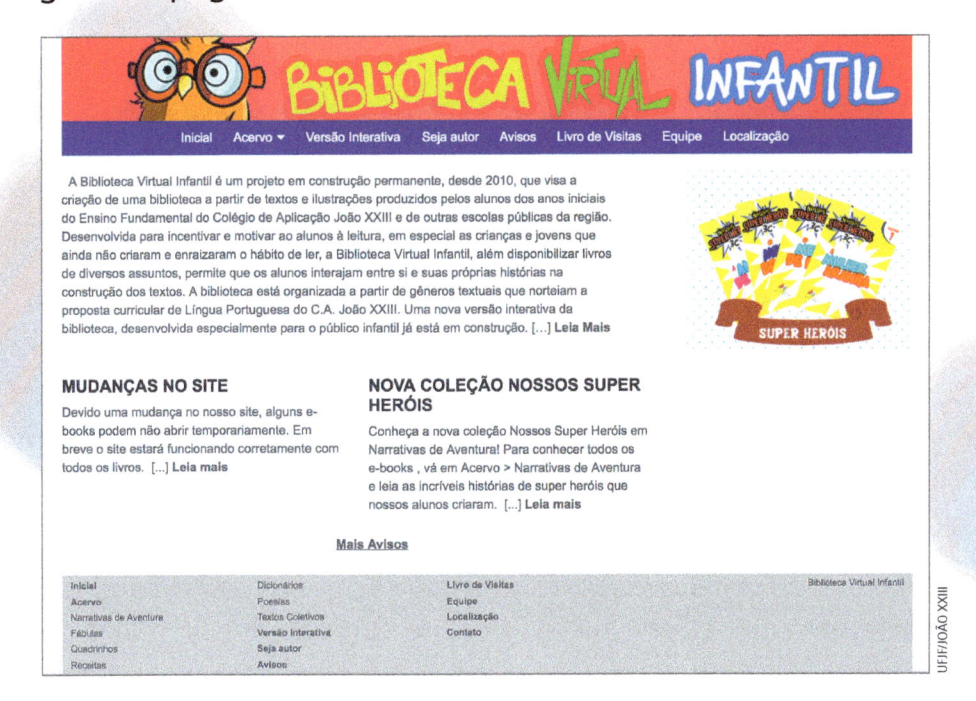

a) Você e os colegas podem mandar o mito que reescreveram para avaliação. Antes, porém, o texto precisa ser revisado novamente. Peçam ajuda ao professor para fazer as correções que ainda forem necessárias.

b) Agora é só acessar o *site* <http://livro.pro/kf8rtg> (acesso em: 28 dez. 2017) e seguir as orientações da página **Seja autor**.

- Você também pode participar da produção de textos coletivos.

ORALIDADE EM AÇÃO

1. Prepare-se! Você e os colegas vão fazer um teatro de fantoches para contar um dos mitos gregos apresentados nesta unidade.

- Observe as personagens de cada mito e reúna-se com os colegas. Antes, conversem com o professor e juntos decidam a formação dos grupos.

Prometeu: Prometeu, Epimeteu, deuses, Zeus, seres humanos, Apolo.

Pigmalião e Galateia: Pigmalião, Galateia, sacerdotes, Afrodite.

Ícaro constrói asas de cera para fugir de Creta: Dédalo, Ícaro, rei Minos, Minotauro.

2. Agora que você já sabe quem fará parte do seu grupo e qual mito será apresentado, é hora de confeccionar os fantoches e o cenário.

- Providenciem os materiais para fazer os fantoches: papel colorido, palitos de sorvete, palitos de churrasco, cola, lápis de cor, canetinhas, fitas e outros.
- Criem as personagens do mito que vão apresentar.
- Façam o cenário com caixas de papelão ou cartolina.

3. Para que a história fique bem contada, sigam as instruções.

- Organizem os pontos principais da história para que todos os detalhes sejam contados.
- Combinem quem fará cada personagem e suas falas.
- Escrevam as falas de cada personagem em uma folha à parte.
- Decidam se haverá narrador ou não.

4. Ensaiem algumas vezes a apresentação.

Durante os ensaios, procurem seguir estas recomendações:

- Memorizem as falas e os movimentos que vão realizar durante a apresentação.
- Lembrem-se de falar com entonação expressiva no momento determinado para as personagens que vocês representam.
- Variações no tom de voz podem criar suspense ou chamar a atenção do público.
- Movimentem os fantoches de acordo com os acontecimentos e as falas.

FIQUE LIGADO

Mitos gregos, recontados por Eric A. Kimmel, Martins Fontes.

Prometeu, Pandora, Perséfone, rei Midas e outras personagens aparecem nas incríveis histórias reunidas neste livro.

A saga de Hércules, de Silvana Salerno, DCL.

Nesse livro você vai conhecer Hércules, o mais popular de todos os heróis da Grécia. Para se tornar um herói, ele teve que vencer muitos obstáculos, como capturar vivo um touro que lançava chamas pelas narinas.

No site **Povos indígenas no Brasil Mirim**, você pode encontrar informações interessantes sobre mitos gregos e indígenas. Disponível em: <http://livro.pro/t3jeu5>. Acesso em: 20 set. 2017.

IDEIA PUXA IDEIA

Será que outros povos, além dos gregos, também criaram mitos? Por que essas histórias são importantes?

Leia este mito indígena e veja como os Katukina explicam a origem do fogo.

Histórias sobre o roubo do fogo

Como contam os Katukina?

Os Katukina falam uma língua da família Pano e vivem na região do alto Juruá, no Acre. Esse povo também tem várias histórias sobre a origem do fogo, uma delas é assim:

Um dia a onça foi caçar e pediu ao periquito e à coruja que ficassem de olho no fogo, porque este podia se apagar. A onça disse que se eles cuidassem do fogo direitinho ela lhes daria um pouco de caça. Dito e feito! O periquito e a coruja ficaram cuidando do fogo, mas, na volta, a onça comeu tudo sozinha. No dia seguinte, lá foi a onça caçar de novo. Fez o mesmo pedido ao periquito e à coruja. No fim da tarde, a onça voltou da caçada e o periquito logo perguntou se ela daria um pedaço de carne para ele assar. Ela disse que sim, mas no fim das contas acabou comendo toda a carne.

Isso se repetiu durante vários dias até que um dia a coruja e o periquito decidiram roubar o fogo da onça. A coruja teve a ideia de esconder o fogo no buraco de uma árvore e foi isso que o periquito fez antes que a onça retornasse da caçada. A onça, quando viu que estava sem fogo, ficou desesperada. Ela tentou fazer fogo de novo, mas não conseguiu. Aí percebeu que daquele momento em diante teria que comer carne crua... O periquito cuidou muito bem do fogo, que estava guardado numa árvore bem alta. Ele tinha um bico grande, mas o fogo o queimou quase todo e é por isso que hoje o bico do periquito é bem pequeno.

Foi o periquito que deu o fogo aos humanos, que antes só comiam carne crua!

Povos indígenas no Brasil Mirim. **Histórias sobre o roubo do fogo.** Disponível em: <http://pibmirim.socioambiental.org/como-vivem/mitos?page=26>. Acesso em: 20 set. 2017.

Converse com os colegas e o professor sobre as questões propostas.

1. Em que estado do Brasil vivem os Katukina?

2. Como os Katukina explicam a origem do fogo?

3. Retome o mito grego de Prometeu (páginas 198-200) e explique as semelhanças com o mito indígena contado pelos Katukina.

4. Como povos diferentes e de lugares tão distantes, como Brasil e Grécia, podem contar histórias que explicam o mesmo fenômeno, a origem do fogo?

5. Leia um trecho da entrevista com o historiador e professor Edson Fasano.

Como foi a descoberta do fogo?

Os seres humanos não inventaram o fogo, mas o dominaram e descobriram uma forma de produzi-lo. Toda invenção humana associa três elementos essenciais: a curiosidade, a observação e a necessidade de qualificar a forma de vida. As pessoas observavam a natureza, verificavam que um raio caído sobre uma árvore produzia faísca e fogo. Perceberam que em situações de atrito de objetos, como pedras e até mesmo gravetos, produziam-se faíscas. Com essas constatações, começaram a produzir o fogo, que trouxe benefícios como cozinhar alimentos, espantar animais e aquecer-se do frio.

Entrevista por Natália Mazzoni. **Estadão**, 16 mar. 2013. Disponível em:<http://blogs.estadao.com.br/estadinho/2013/03/page/2/>. Acesso em: 20 set. 2017.

a) De acordo com o historiador, como o ser humano teria descoberto o fogo?

b) O que diferencia a explicação do historiador sobre a descoberta do fogo e a explicação dada nos mitos?

UNIDADE 8
CIÊNCIA EM TODA PARTE

Converse com os colegas e responda às questões.

1. Observe as imagens. O que as pessoas representadas estão fazendo? Que elementos você analisou para responder?

2. Quais profissionais podem realizar pesquisas científicas?

3. Como surgem as invenções que colaboram com a ciência?

CAPÍTULO

1 DESCOBERTAS CIENTÍFICAS

- Você sabe o que é vacina? Você considera essa descoberta importante? Por quê?

Se você tem medo de tomar vacina por causa da injeção, pode se alegrar!

O texto a seguir conta que pesquisadores descobriram um jeito de dar vacina sem injeção.

Acompanhe a leitura do professor.

Chega de chororô

Pesquisadores criam vacina sem injeção – e sem dor

Muita gente morre de medo de injeção e abre o berreiro quando precisa tomar vacina. Mas, você sabe, vacinar-se é importante para ficar protegido de um monte de doenças. Pensando nisso, pesquisadores do Instituto de Tecnologia de Massachusetts, nos Estados Unidos, criaram um método de vacinação que, além de indolor, pode ser mais eficaz que as famosas – e doloridas – injeções.

A vacina é feita de agulhas tão pequenas que não causam nenhuma dor. Em volta delas, os cientistas colocaram camadas de grandes moléculas chamadas polímeros, ligadas a um pedaço de DNA de um vírus. Quando a vacina é aplicada na pele, os polímeros se desfazem aos poucos e liberam o material genético do vírus, ativando nosso sistema imunológico.

Segundo o bioquímico Peter DeMuth, a vacina é aplicada na pele como se fosse uma tatuagem, mas sem deixar marcas. "Tradicionalmente, as vacinas são aplicadas no músculo, mas ele não é tão exposto a infecções como a pele e, por conta disso, suas células de defesa são menos ativas, o que reduz a eficácia das vacinas", explica. [...]

> **Bioquímico:** profissional que estuda as transformações químicas que ocorrem nos seres vivos.
> **Eficaz:** capaz de produzir o efeito esperado.
> **Indolor:** que não causa dor.
> **Sistema imunológico:** conjunto de componentes encarregados de proteger o organismo contra doenças.
> **Vírus:** microrganismo causador de doenças contagiosas.

Mariana Rocha. Chega de chororô. **Ciência Hoje das Crianças.** Disponível em: <http://chc.cienciahoje.uol.com.br/chega-de-chororo/>. Acesso em: 25 set. 2017.

1. Qual é o assunto principal do texto?

    ☐ A descoberta da cura para uma doença.

    ☐ A divulgação da data de vacinação.

    ☐ Um novo método de vacinação.

2. Por que esse texto apresenta palavras específicas da ciência, como DNA, vírus, polímero, material genético e outras? Converse com os colegas e o professor.

3. Qual é a diferença entre o método tradicional de aplicar vacina e o novo método comentado no texto?

4. Releia este trecho do texto.

    > Muita gente morre de medo de injeção e abre o berreiro quando precisa tomar vacina.

    • Qual é o significado de **abrir o berreiro**?

    _____

5. O último trecho do texto traz uma citação. Quem é o autor dessa citação? Como você descobriu?

    • Por que essa citação é importante nesse tipo de texto?

PALAVRAS NO DICIONÁRIO

1. Observe o verbete com o significado da palavra **vírus**.

> ví.rus
> [Lat. *virus*.]
> *sm2n*
> 1. *Biol.* Agente infeccioso muito diminuto, visível apenas ao microscópio eletrônico, sem metabolismo próprio, donde a necessidade de parasitar células vivas. [Segundo o material genético, se dividem em *vírus DNA* e *vírus RNA*.]
> 2. *Inform.* Programa carregado no computador do usuário, sem o conhecimento deste, e que, ao ser ativado de forma involuntária, executa tarefas de natureza destrutiva.
>
> Aurélio Buarque de Holanda Ferreira. **Míni Aurélio**: o dicionário da língua portuguesa. Curitiba: Positivo, 2010. p. 785.

a) Estas imagens ilustram os diferentes significados da palavra **vírus**. Anote o número correspondente ao significado adequado, de acordo com as definições do verbete.

b) Escreva uma frase para cada situação representada nas ilustrações.

_____
_____
_____

2. Releia o verbete **vírus**. Qual dos significados do verbete é mais adequado ao texto **Chega de chororô**?

_____

a) Leia o significado 2. A qual destas frases ele seria adequado?

☐ O vírus do sarampo é transmissível através do ar.

☐ O vírus se instalou por meio de um arquivo infectado.

b) Escreva duas frases utilizando cada um dos significados da palavra **vírus**.

_____

_____

_____

_____

3. Procure no dicionário o significado dos verbos destacados. Trabalhe com um colega.

liberam   instala-(se)

a) Contem aos colegas e ao professor o que vocês fizeram para achar os verbetes.

b) Escrevam as definições e compartilhem as respostas com os colegas para compará-las.

_____

_____

_____

4. Circulem os verbos que vocês podem encontrar como verbetes de dicionário.

vacinar   gritaram   criou   chorar
correr   escorregaram   decidir

235

DE PALAVRA EM PALAVRA

1. Releia este trecho do texto **Chega de chororô**.

> Muita gente morre de medo de injeção e abre o berreiro quando precisa tomar vacina.

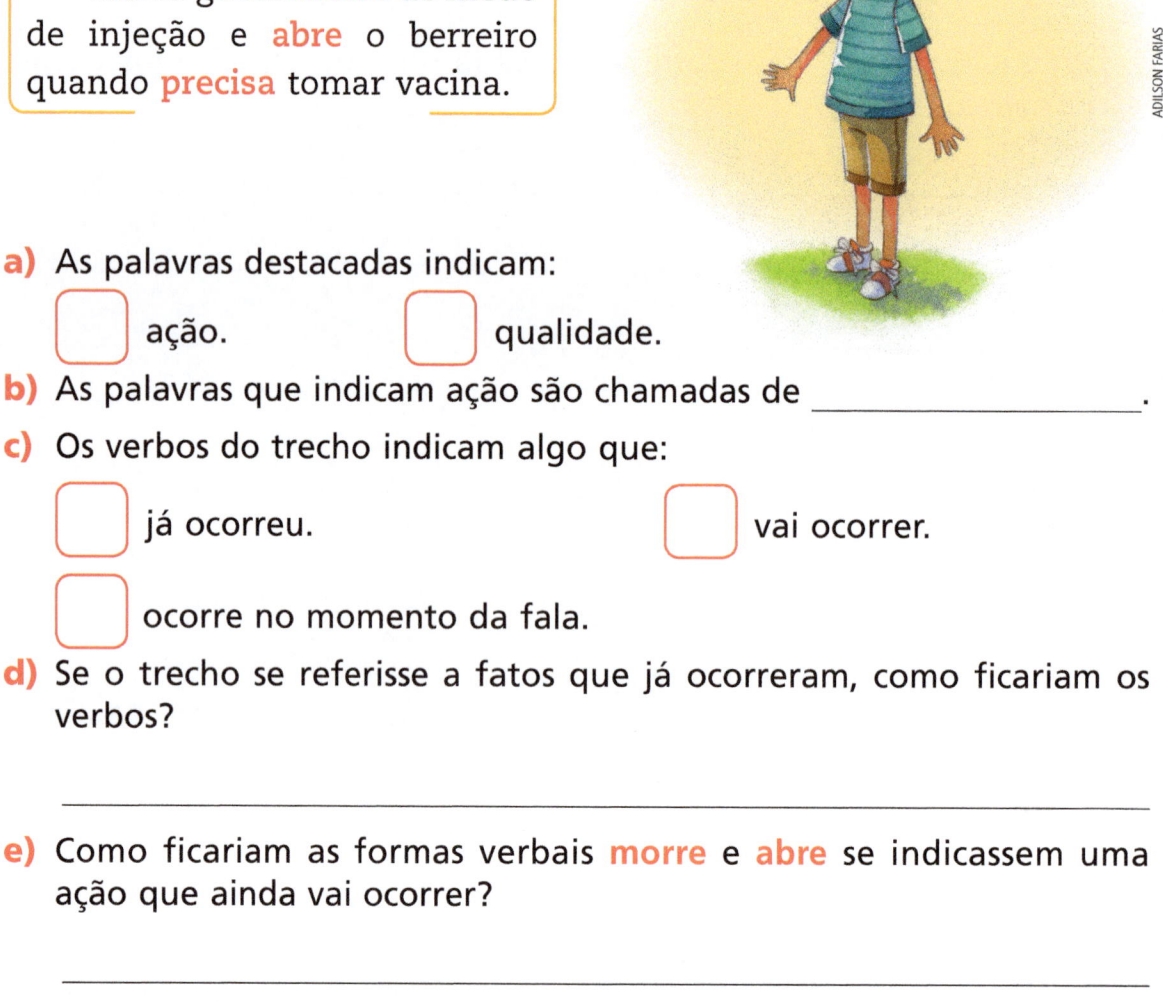

a) As palavras destacadas indicam:

☐ ação.   ☐ qualidade.

b) As palavras que indicam ação são chamadas de _____.

c) Os verbos do trecho indicam algo que:

☐ já ocorreu.   ☐ vai ocorrer.

☐ ocorre no momento da fala.

d) Se o trecho se referisse a fatos que já ocorreram, como ficariam os verbos?

_____

e) Como ficariam as formas verbais morre e abre se indicassem uma ação que ainda vai ocorrer?

_____

Vamos relembrar?

Quando um verbo expressa **ações que se passam no momento atual**, ou seja, no momento em que estamos falando, dizemos que ele está no tempo presente.

Quando um verbo expressa **ações que já ocorreram**, dizemos que ele está no passado (ou pretérito).

Quando um verbo expressa **ações que ainda vão ocorrer**, dizemos que ele está no futuro.

2. Observe esta frase.

> As agulhas pequenas não causam dor.

a) Reescreva o trecho passando o verbo destacado para o passado.

_____

b) Como ficaria a frase com o verbo no futuro?

_____

3. Complete as lacunas com os verbos do quadro.

terá	descobriu	criaram

a) Pesquisadores _____ um novo método de vacinação.

b) O bioquímico _____ uma vacina mais eficaz.

c) Com esse método ninguém mais _____ medo de vacina.

4. Complete este trecho de notícia com os verbos do quadro.

pode	criaram	absorva	carrega	faz

Vacina sem agulha: adesivo mais barato _____ substituir a picada.

[...]

Os cientistas _____ um adesivo do tamanho de um pequeno *band-aid* que _____ bolinhas com doses de vacina contra a gripe. Ele é colocado no braço e ativado pela pressão, o que _____ com que a substância seja liberada e a pele a _____.

[...]

<small>Vacina sem agulha: adesivo mais barato pode substituir a picada. **Galileu**, 25 jul. 2017. Disponível em: <http://revistagalileu.globo.com/Ciencia/noticia/2017/07/vacina-sem-agulha-adesivo-mais-barato-pode-substituir-picada.html>. Acesso em: 22 set. 2017.</small>

QUAL É A LETRA?

1. Vamos jogar? Convide dois colegas para seguirem a trilha com você. Leiam as instruções.

- O primeiro participante joga os dados e move sua peça pelas casas de acordo com o número indicado.
- O participante deve falar uma frase com o verbo que está na casa que ele ocupa.
- Na mesma rodada, ele precisa dizer se a frase está no futuro, presente ou pretérito.
- O participante que conseguir fazer tudo corretamente marca um ponto.
- Ganha o jogo quem chegar ao final da trilha com mais pontos.

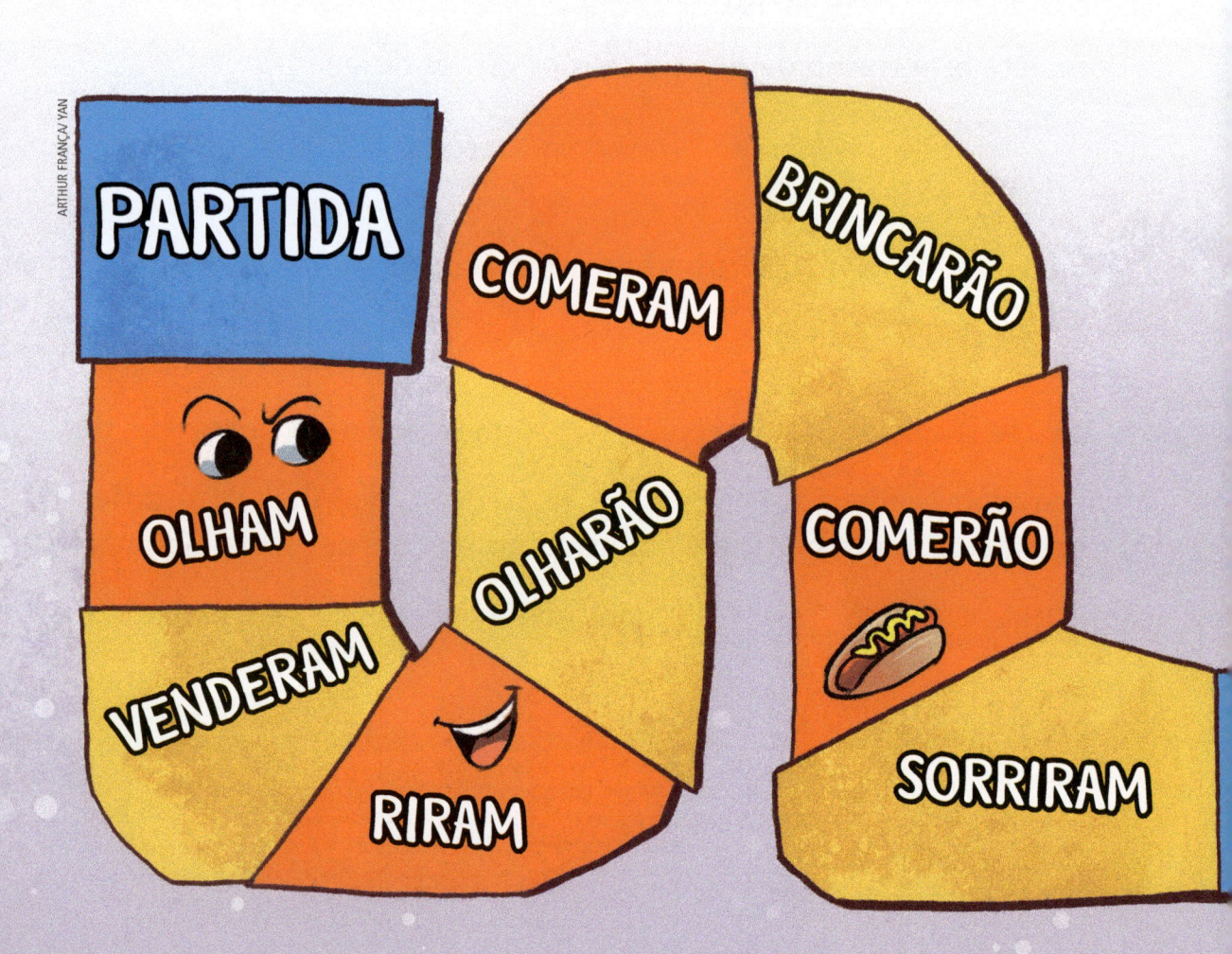

PARTIDA → OLHAM → VENDERAM → RIRAM → OLHARÃO → COMERAM → BRINCARÃO → COMERÃO → SORRIRAM

2. Depois de jogar, copie os verbos que terminam em **-ão**.

_____

_____

3. Agora, escreva os verbos que terminam em **-am**.

_____

_____

4. Complete as frases para registrar uma conclusão sobre os verbos que você copiou.

a) Os verbos no futuro terminam com as letras _____.

b) Os verbos no pretérito ou no presente terminam com as letras _____.

- De que forma essa conclusão colabora na escrita correta das palavras? Converse com os colegas.

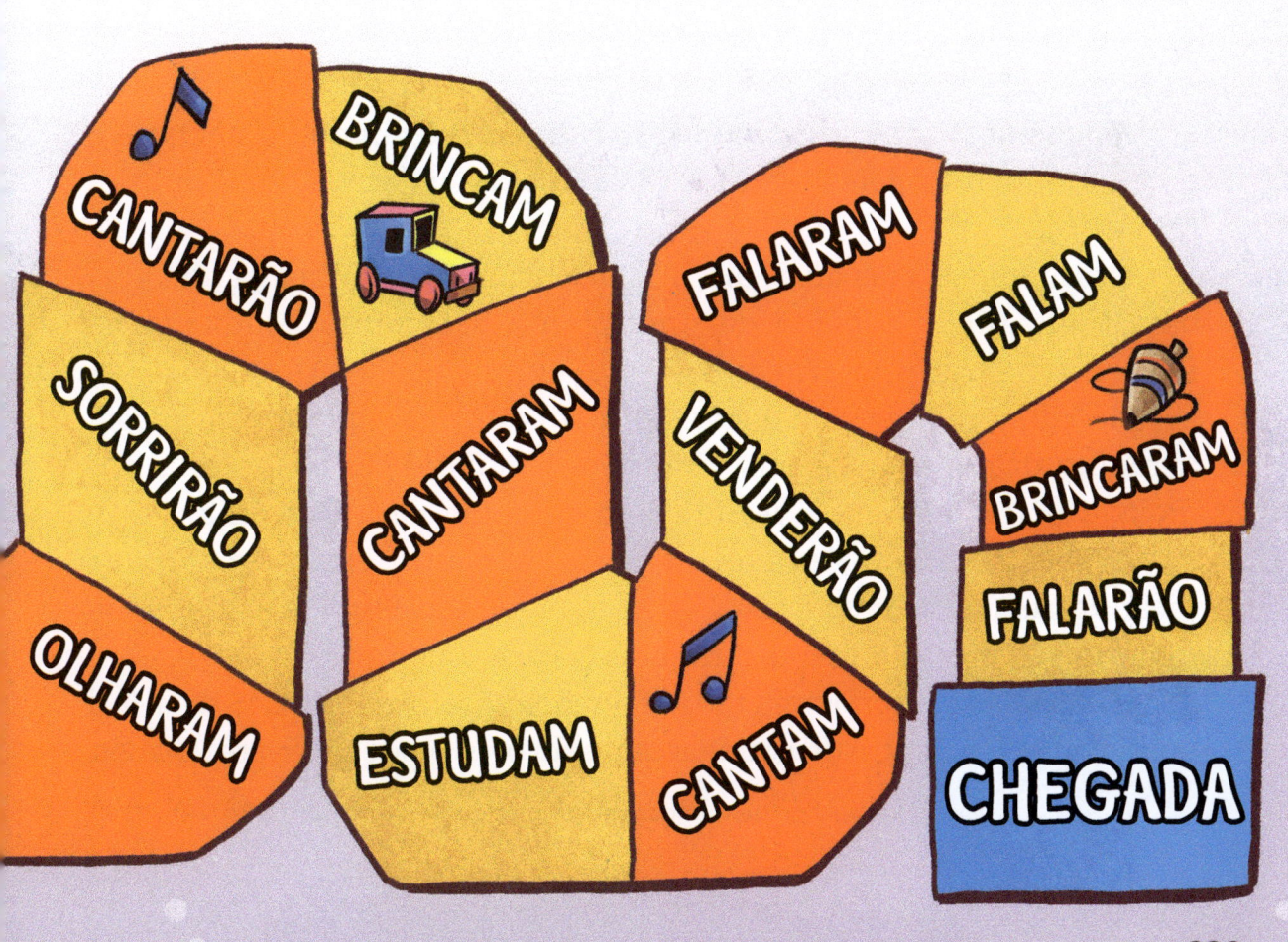

CANTARÃO • BRINCAM • FALARAM • FALAM • SORRIRÃO • CANTARAM • VENDERÃO • BRINCARAM • FALARÃO • OLHARAM • ESTUDAM • CANTAM • CHEGADA

REDE DE LEITURA

1. O que você sabe sobre as abelhas? Leia os textos com atenção e descubra mais sobre esses insetos.

Texto 1

SOCORRO! UMA ABELHA! UMA ABELHA! FUJAM TODOS!

HAROLDO! VOCÊ VIU?? ERA A MAIOR ABELHA DO MUNDO! ERA DO TAMANHO DE UM QUIBE! DEVIA PESAR UNS CINCO QUILOS!

O BARULHO ERA IGUAL AO DE UM HELICÓPTERO E O FERRÃO MAIS PARECIA UM ARPÃO! DEVIA SER UMA ABELHA ASSASSINA! NOSSA, QUE SORTE ELA NÃO TER ME PEGADO!

A VIDA NAS GRANDES PLANÍCIES DOS BAIRROS RESIDENCIAIS É MESMO REPLETA DE PERIGOS.

SE VOCÊ TIVESSE VISTO, TAMBÉM TERIA FICADO COM MEDO.

Bill Watterson. **A hora da vingança**: as aventuras de Calvin e Haroldo. São Paulo: Conrad, 2009. p. 90.

Texto 2

Abelha

As abelhas estão sempre entre as flores, recolhendo o néctar e o pólen produzidos pelas plantas. Cada abelha pode visitar 40 mil flores por dia.

Dessa forma, elas auxiliam a reprodução das plantas, já que acabam transferindo o pólen de uma planta para outra, ajudando na formação de frutos e sementes.

Na colmeia, o néctar é transformado em mel, que é o principal alimento das abelhas, e em cera, para a construção da própria colmeia. O pólen também é usado como alimento para a colônia.

A abelha comum, amarela e preta, tem um ferrão e pode nos picar ao se sentir ameaçada. Já as abelhas nativas do Brasil em sua maioria são pretas e não picam, pois não possuem ferrão.

As abelhas operárias são todas fêmeas e vivem cerca de 45 dias. Já a rainha, que fica dentro da colmeia botando ovos, pode viver até 25 anos.

Humberto Conzo Junior. **Descobrindo os bichos do jardim**. São Paulo: Matrix, 2012. p. 29.

Texto 3

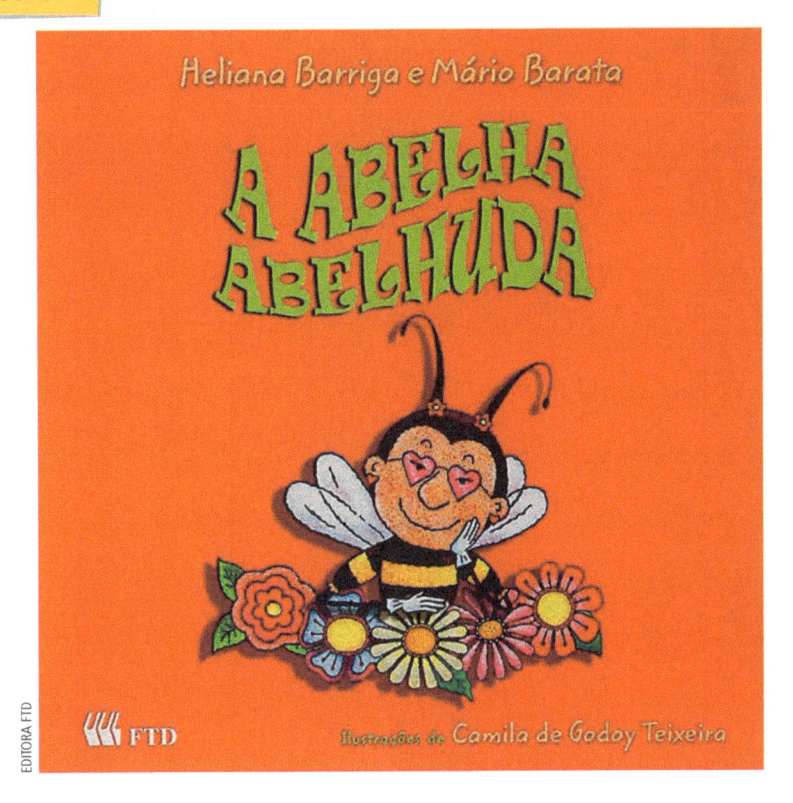

Heliana Barriga e Mário Barata

A ABELHA ABELHUDA

Ilustrações de Camila de Godoy Teixeira

EDITORA FTD / FTD

- Existe semelhança entre os textos? Qual?

_____

2. Qual desses textos é uma capa de livro? Como é possível descobrir essa informação?

3. Se você precisasse de informações científicas a respeito das abelhas, a qual dos textos você recorreria? Por quê?

_____

_____

4. O que caracteriza o texto 1 como uma história em quadrinhos (HQ)?

_____

_____

- Qual é a principal finalidade de uma HQ?

5. Releia o segundo quadrinho do texto 1. Você acha que o comentário do Calvin está fundamentado em conhecimento científico? Explique sua opinião aos colegas e ao professor.

241

CAPÍTULO

2 CONHECENDO AS AVES DE RAPINA

- Você já ouviu falar em aves de rapina? Conhece alguma característica dessas aves?

Leia silenciosamente o texto para informar-se sobre a maior de todas as aves de rapina.

Rei das rapinas

Conheça o gavião-real, um dos mais poderosos predadores da fauna brasileira

Aves de rapina são imponentes por natureza: têm o bico curvado e garras poderosas, voam alto e são muito, muito elegantes. [...] O gavião-real, também conhecido como harpia, mede cerca de dois metros da ponta de uma asa a outra e tem garras de até seis centímetros – não é à toa que ele é um dos principais predadores da nossa fauna!

"A harpia é um animal que ocupa o topo da cadeia alimentar, ou seja, que se alimenta de outros animais, mas não possui predadores naturais", conta Helena Aguiar, bióloga do Programa de Conservação do Gavião-real. Entre as presas do gavião-real estão mamíferos como bicho-preguiça, macacos, porcos-espinhos e tatus.

Além de encher a pança com essas e outras espécies de bichos, a harpia exerce na

Harpia ou gavião-real.

Gavião-real na floresta.

Harpia fêmea com filhote.

natureza uma função importante – a de manter o equilíbrio das populações animais. Se os gaviões-reais simplesmente desaparecessem, o número de macacos, por exemplo, aumentaria muito, o que traria outros problemas, como a falta de alimento para os numerosos primatas.

Atualmente, as principais ameaças às aves de rapina brasileiras são a caça e o desmatamento de seu hábitat natural. Para evitar o sumiço das harpias e uma bagunça generalizada nos ecossistemas, o Instituto Nacional de Pesquisas da Amazônia criou, em 1997, o Programa de Conservação do Gavião-real. Ele trabalha junto com a população para localizar ninhos de harpia e outras duas aves de grande porte, o uiraçu-falso e o gavião-de-penacho.

"Quando alguém encontra um ninho de uma dessas espécies, entra em contato conosco e vamos até o local confirmar as informações", explica Helena. "Depois, iniciamos uma série de atividades de monitoramento e pesquisa, além de sensibilizar a população local sobre a importância da conservação dessas aves". Dezenas de ninhos são monitorados em várias regiões do Brasil, o que permite acompanhar a população de gaviões e uiraçus, além de combater sua caça. Nossos céus e florestas ficam mais bonitos com essas espécies em liberdade!

Vitor Ribeiro. Rei das rapinas. **Ciência Hoje das Crianças**, 2 abr. 2013. Disponível em: <http://chc.cienciahoje.uol.com.br/rei-das--rapinas/>. Acesso em: set. 2017.

Cadeia alimentar: sequência em que os seres vivos se alimentam e ao mesmo tempo servem de alimento para outros seres vivos.

Ecossistema: conjunto das relações de dependência entre os seres vivos e o ambiente em que vivem.

Imponente: que se impõe, que causa admiração e respeito por sua grandeza ou importância.

Monitoramento: acompanhamento e avaliação de algo ou de alguém.

Predador: animal que caça outro para se alimentar.

Primata: mamífero que pertence à ordem que inclui o ser humano e os macacos.

Topo: a parte mais alta.

VIDA DE AVE

1. Qual é a finalidade do texto **Rei das rapinas**?

   ☐ Informar sobre uma espécie animal: o gavião-real.

   ☐ Ensinar os profissionais a cuidar de uma espécie animal.

   ☐ Contar uma história que tem o gavião-real como personagem principal.

2. Que profissional forneceu ao autor do texto informações sobre a ave?

   a) Como foi possível distinguir as informações dadas pelo profissional das outras explicações no texto?

   b) Na sua opinião, os comentários da especialista são importantes em textos como esse?

   c) Que outros profissionais poderiam dar informações científicas sobre a vida de um animal?

3. Releia o primeiro parágrafo do texto **Rei das rapinas**.

   a) Circule no texto as características comuns a todas as aves de rapina.

   b) Quais as características do gavião-real?

   _____

   _____

4. Segundo o texto, o gavião-real não possui predadores naturais. O que isso significa?

   _____

   _____

5. Se os gaviões-reais desaparecessem, o número de macacos aumentaria muito. Qual seria a consequência desse aumento? Converse com um colega antes de responder.

   _____

   _____

6. Estes animais servem de alimento para o gavião-real. Identifique-os e escreva os nomes deles.

_____   _____   _____

7. Quais são as principais ameaças às aves de rapina brasileiras?
_____

8. Para evitar o sumiço dos gaviões-reais, o Instituto Nacional de Pesquisas da Amazônia criou o Programa de Conservação do Gavião-real. Como as pessoas podem contribuir?
_____
_____

9. Observe este trecho do texto e converse com os colegas e o professor sobre as questões.

> Além de **encher a pança** com essas e outras espécies de bichos, a harpia exerce na natureza uma função importante – a de manter o equilíbrio das populações animais.

a) Explique o significado da expressão em destaque.

b) De que forma o uso dessa expressão está relacionado ao público a quem é dirigida a publicação?

10. Acesse a reportagem disponível em <http://livro.pro/gvcxi5> (acesso em: 28 dez. 2017). De que forma as informações se relacionam com o texto que você leu?

245

DE PALAVRA EM PALAVRA

1. Releia este trecho de **Rei das rapinas** e observe a palavra destacada.

> Para evitar o sumiço das harpias e uma bagunça generalizada nos ecossistemas, o Instituto Nacional de Pesquisas da Amazônia criou, em 1997, o Programa de Conservação do Gavião-real. **Ele** trabalha junto com a população para localizar ninhos de harpia e outras duas aves de grande porte, o uiraçu-falso e o gavião-de-penacho.
>
> Os registros de uiraçu-falso (à direita) e de gavião-de-penacho (à esquerda) na natureza são tão raros quantos os de gavião-real.

a) A quem se refere a palavra **ele**?

_____

b) Qual é a função dessa palavra no trecho?

☐ Substituir um nome mencionado anteriormente.

☐ Retomar algo mencionado antes e estabelecer ligação com o que é dito depois.

2. Reúna-se com um colega e escolham uma das publicações disponíveis em sala.

a) Selecionem uma delas para ler.

b) Copiem um trecho em que um termo substitui um nome mencionado anteriormente.

_____
_____
_____

c) Que termo vocês encontraram?

_____

d) A que ou a quem esse termo se refere?

_____

3. Existem outras palavras que estabelecem ligação com o que foi dito anteriormente? Quais seriam?

4. Releia este outro trecho do mesmo texto.

> Atualmente, as principais ameaças às aves de rapina brasileiras são a caça e o desmatamento de seu hábitat natural. [...]
>
> "Quando alguém encontra um ninho de uma dessas espécies, entra em contato conosco e vamos até o local confirmar as informações", explica Helena.

a) Que palavras indicam a marcação de tempo?

_____

b) Explique a função dessas palavras em cada um dos parágrafos.

c) Reescreva o trecho substituindo cada uma das palavras por outras de sentidos semelhantes. Antes, converse com um colega.

_____
_____
_____
_____
_____
_____

QUAL É A LETRA?

1. Releia este trecho do texto **Rei das rapinas**.

> "A harpia é um animal que ocupa o topo da cadeia alimentar, ou seja, que se alimenta de outros animais, mas não possui predadores naturais", conta Helena Aguiar, bióloga do Programa de Conservação do Gavião-real. Entre as presas do gavião-real estão mamíferos como bicho-preguiça, macacos, porcos-espinhos e tatus. [...]
> Atualmente, as principais ameaças às aves de rapina brasileiras são a caça e o desmatamento de seu hábitat natural.

• Circule as palavras que apresentam a letra **h** inicial.

2. Escreva os nomes das figuras abaixo. | **Pista** Todas começam com a letra **h**.

_____   _____   _____

_____   _____

3. Escreva três palavras que começam com a letra **h**. Se tiver dúvida, consulte o dicionário.

_____

_____

4. Vamos jogar BINGO!

- O professor vai ditar algumas palavras.
- Escreva essas palavras em uma folha à parte.
- Escolha oito dessas palavras e escreva-as no quadro a seguir.
- Preste atenção! Depois que todas as palavras estiverem escritas, começará a segunda parte do jogo.
- O professor vai ditar várias palavras. Quando ele falar uma palavra que você escreveu no seu quadro, marque-a com um ✗.
- Quem preencher todos os campos do quadro com ✗ primeiro grita BINGO!
- As palavras precisam estar escritas corretamente.

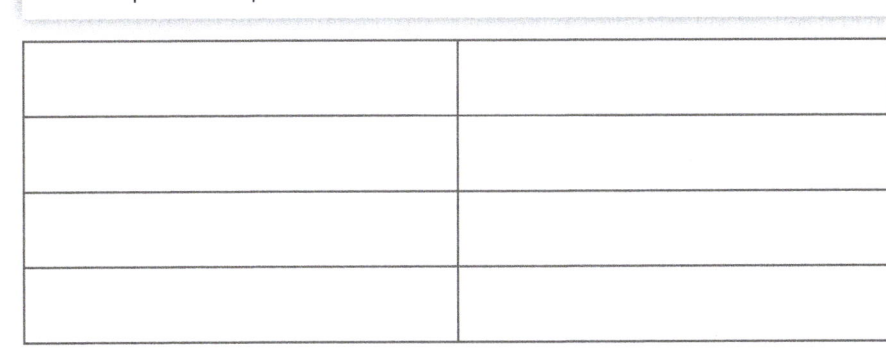

5. Leia esta tira.

Bill Watterson. **A hora da vingança**: as aventuras de Calvin e Haroldo. São Paulo: Conrad, 2009. p. 52.

a) Qual é a reação de Calvin no primeiro quadrinho?
- Que palavra ele usa para exprimir essa reação?

b) No segundo quadrinho, Susie inicia sua fala com a palavra "hã". O que essa palavra expressa?

c) Você conhece outras palavras que tenham a letra **h** e que podem expressar sentimentos e sensações em uma situação de comunicação?

> **Pista** Nessas palavras, a letra **h** não representa fonema nenhum. Converse com os colegas e o professor.

MÃO NA MASSA!

Você leu nesta unidade dois textos: **Chega de chororô**, que informa sobre um novo método de vacinação desenvolvido por pesquisadores americanos, e **Rei das rapinas**, que apresenta informações sobre o gavião-real.

Os textos que têm a finalidade de informar, de transmitir conhecimento científico são chamados de textos de divulgação científica.

Para fazer um texto de divulgação científica é preciso conhecer muito bem o assunto sobre o qual se vai escrever. Para dar credibilidade às informações são usados comentários de especialistas.

Nem sempre os termos utilizados nesses textos são fáceis de entender, porque são específicos do assunto científico tratado.

- Reúna-se com um colega.

Vocês vão escolher um animal para pesquisar e escrever um texto com informações científicas sobre ele.

- Leiam os textos pesquisados e anotem as informações relevantes.
- Em uma folha à parte, escrevam um texto sobre esse animal, com base nas informações lidas.
- Organizem as informações em parágrafos conforme o aspecto a ser descrito.
- Apresentem as informações necessárias: nome científico, outros nomes populares, hábitat, características físicas, alimentação, locomoção, curiosidades.
- Evitem a repetição de termos utilizando palavras para retomar aspectos mencionados anteriormente.
- Escrevam os verbos no presente, o que confere marca de atemporalidade ao texto.
- Empreguem a pontuação necessária.
- Não se esqueçam de criar um título para o texto.
- Releiam o que escreveram e verifiquem se contemplaram todos os itens.

DE OLHO NO TEXTO

1. Reúnam-se com outra dupla.
2. Leiam o texto que eles escreveram e preencham a tabela de revisão.

	Sim	Não
O texto apresenta título?		
As informações científicas estão explicadas?		
Escreveram o nome científico e outros nomes populares?		
Utilizaram palavras para retomar aspectos mencionados anteriormente?		
Os tempos verbais estão adequados?		
Utilizaram adequadamente os sinais de pontuação?		
Separaram os assuntos em parágrafos?		

3. Escrevam, em uma folha à parte, observações que julguem importantes para os colegas melhorarem a escrita do texto.

   Destaquem os aspectos positivos.

4. Destroquem os textos e verifiquem os itens que precisam ser melhorados no texto que vocês escreveram.

5. Reescrevam o que for necessário para melhorar o texto em uma folha à parte.

6. Vocês podem digitar o texto e incluir fotografias sobre os animais pesquisados.

   Os textos serão impressos e expostos no mural da classe.

ORALIDADE EM AÇÃO

1. Leia as manchetes de notícias referentes a pesquisas científicas.

Himalaia pode ficar sem neve até final do século, diz estudo

Himalaia pode ficar sem neve até final do século, diz estudo. **Portal Terra**. Disponível em: <https://www.terra.com.br/noticias/ciencia/pesquisa/himalaia-pode-ficar-sem-neve-ate-final-do-seculo-diz-estudo,4b7f5b2a3244650e1c5dfe3a261852658hc9RCRD.html>. Acesso em: 26 set. 2017.

Pesquisadores do PA criam repelente contra o Aedes aegypti

Pesquisadores do PA criam repelente contra o *Aedes aegypti*. **Portal Terra**. Disponível em: <https://www.terra.com.br/vida-e-estilo/saude/pesquisadores-do-para-desenvolvem-repelente-para-combater-o-aedes-aegypti,9b2b2feabf4e83a586629a85dea0a666lgn4tqxy.html>. Acesso em: 26 set. 2017.

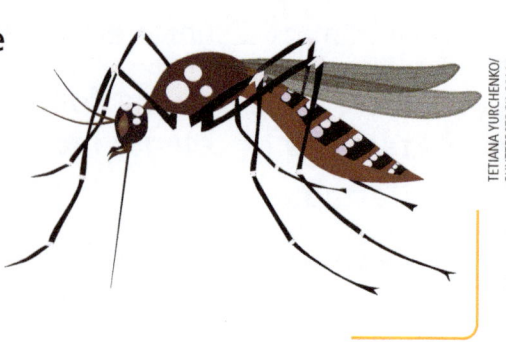

Cientistas criam vacina contra a gripe em forma de adesivo

Cientistas criam vacina contra a gripe em forma de adesivo. **Folha de S.Paulo**. Disponível em: <http://www1.folha.uol.com.br/equilibrioesaude/2017/06/1896578-cientistas-griam-vacina-contra-a-gripe-em-forma-de-adesivo.shtml>. Acesso em: 26 set. 2017.

Superbactérias podem matar até 10 milhões de pessoas a partir de 2050

Antonella Zugliani e Vivian Oswald. Superbactérias podem matar até 10 milhões de pessoas a partir de 2050. **O Globo**. Disponível em: <https://oglobo.globo.com/sociedade/saude/superbacterias-podem-matar-ate-10-milhoes-de-pessoas-partir-de-2050-16163813>. Acesso em: 26 set. 2017.

2. Vocês vão organizar uma roda para conversar sobre essas manchetes. Pensem nos seguintes aspectos:

- Qual delas chamou mais sua atenção? Por quê?
- Na sua opinião, qual dessas descobertas envolve mais estudos científicos?
- De que forma essa descoberta beneficia a vida humana?
- Façam anotações para justificar sua opinião e não esquecer o que consideram importante.
- Se quiserem, vocês podem pesquisar mais detalhes sobre o tema para aprofundar seus conhecimentos.

3. Fique atento!

- É importante apresentar sua opinião sobre o tema e justificar.
- Fale com clareza para todos entenderem.
- Mostre seriedade ao justificar sua opinião e apresente argumentos convincentes.
- Aguarde sua vez para falar. Ouça com atenção a opinião dos colegas e suas justificativas.

4. Agora, reúna-se com os colegas que escolheram a mesma manchete que você.

a) Discutam as opiniões usadas para justificar a escolha.

b) Escrevam em uma cartolina a justificativa mais interessante e coerente com a descoberta.

c) Apresentem a conclusão para a turma.

d) Alguém mudou de opinião depois da apresentação? Por quê?

FIQUE LIGADO

Energia – Coleção Planeta sustentável, Callis.

Quais são as fontes de energia? De onde vem a energia? Como economizar energia? Você pode encontrar as respostas no livro **Energia** e, assim, ajudar a preservar o planeta!

IDEIA PUXA IDEIA

Leia este texto.

Graziela Maciel Barroso

A botânica Graziela Maciel Barroso é uma referência na área de sistemática de plantas, um ramo da botânica dedicado a descobrir, descrever e interpretar os diversos tipos de vegetais. Responsável pela catalogação de vegetais das diferentes regiões do Brasil, tem cerca de 25 plantas batizadas com seu nome e é responsável pela formação de gerações de biólogos. Teve uma trajetória acadêmica inusitada. Aos 30 anos começou a trabalhar no Jardim Botânico do Rio de Janeiro, ingressando no curso de biologia da Universidade do Estado da Guanabara aos 47 anos e defendendo tese de doutorado aos 60. A cientista também escreveu dois livros adotados como referência por cursos de botânica: **Sistemática de angiospermas do Brasil**, em 3 volumes, e **Frutos e sementes – Morfologia aplicada à sistemática de dicotiledôneas**. Como professora, Graziela atuou nas universidades federais do Rio de Janeiro e de Pernambuco (UFRJ e UFPE), na Universidade Estadual de Campinas (Unicamp) e na Universidade de Brasília (UnB). Também foi a única brasileira a receber, nos Estados Unidos, a medalha Millenium Botany Award, entregue a botânicos dedicados à formação de pessoal na área. Nascida em 1912, morreu em 2003, um mês antes de ser empossada na Academia Brasileira de Ciências.

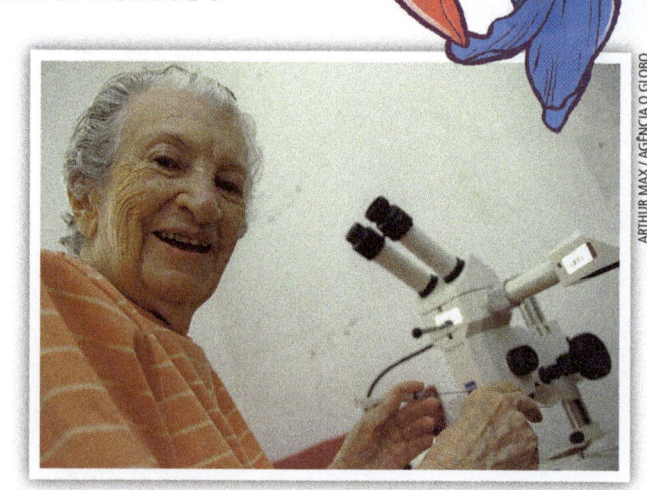

CANAL CIÊNCIA. **Cientistas Brasileiros Notáveis**. Disponível em: <http://www.canalciencia.ibict.br/notaveis/graziela_maciel_barroso.html>. Acesso em: 28 dez. 2017.

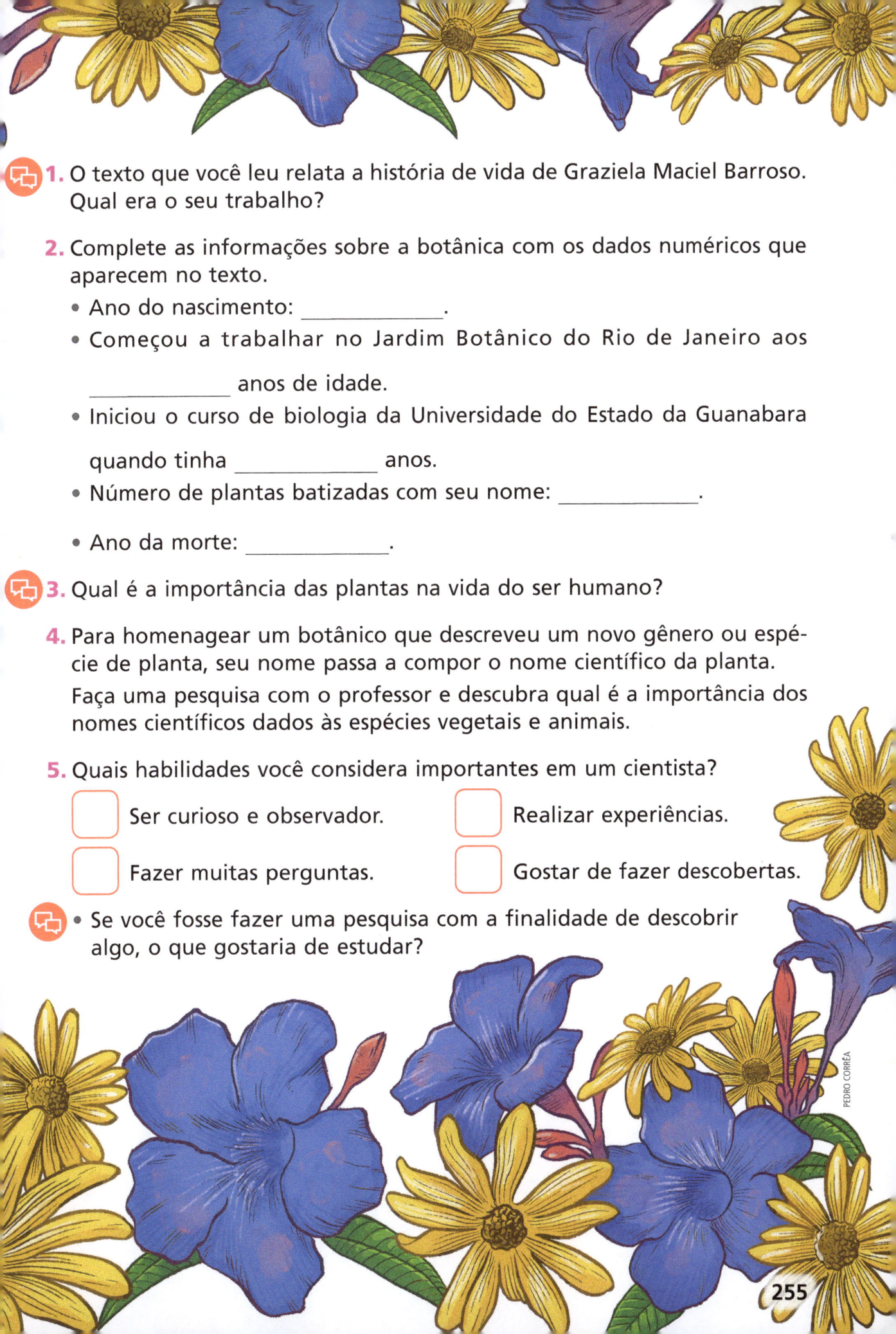

1. O texto que você leu relata a história de vida de Graziela Maciel Barroso. Qual era o seu trabalho?

2. Complete as informações sobre a botânica com os dados numéricos que aparecem no texto.
   - Ano do nascimento: _____.
   - Começou a trabalhar no Jardim Botânico do Rio de Janeiro aos _____ anos de idade.
   - Iniciou o curso de biologia da Universidade do Estado da Guanabara quando tinha _____ anos.
   - Número de plantas batizadas com seu nome: _____.
   - Ano da morte: _____.

3. Qual é a importância das plantas na vida do ser humano?

4. Para homenagear um botânico que descreveu um novo gênero ou espécie de planta, seu nome passa a compor o nome científico da planta.
   Faça uma pesquisa com o professor e descubra qual é a importância dos nomes científicos dados às espécies vegetais e animais.

5. Quais habilidades você considera importantes em um cientista?

   ☐ Ser curioso e observador.   ☐ Realizar experiências.

   ☐ Fazer muitas perguntas.   ☐ Gostar de fazer descobertas.

   - Se você fosse fazer uma pesquisa com a finalidade de descobrir algo, o que gostaria de estudar?

REFERÊNCIAS BIBLIOGRÁFICAS

ALLIENDE, Felipe; CONDEMARÍN, Mabel. **A leitura**: teoria, avaliação e desenvolvimento. Porto Alegre: Artmed, 2005.

BRASIL. Ministério da Educação. **Base nacional comum curricular**: educação é a base. Proposta preliminar. Brasília, DF, 2017. Disponível em: <http://cnebncc.mec.gov.br/docs/BNCC_Educacao_Infantil_e_Ensino_Fundamental.pdf>. Acesso em: 8 maio 2017.

BRASIL. Ministério da Educação. **Pacto nacional pela alfabetização na idade certa**. Disponível em: <http://www.serdigital.com.br/gerenciador/clientes/ceel/material/149.pdf>. Acesso em: fev. 2017.

CAPRA, Fritjof et al. **Alfabetização ecológica**: a educação das crianças para um mundo sustentável. São Paulo: Cultrix, 2006.

COLL, César. **Aprendizagem escolar e construção do conhecimento**. Porto Alegre: Artmed, 1994.

CORTELLA, Mario Sergio. **A escola e o conhecimento**: fundamentos epistemológicos e políticos. São Paulo: Cortez: Instituto Paulo Freire, 2001.

COSTA, Iara Bemquerer; FOLTRAN, Maria José (Org.). **A tessitura da escrita**. São Paulo: Contexto, 2013.

GOMES, Lenice; FERREIRA, Hugo Monteiro. **Pelas ruas da oralidade**. São Paulo: Paulinas, 2007.

KAUFMAN, Ana María; RODRÍGUEZ, María Helena. **Escola, leitura e produção de textos**. Porto Alegre: Artmed, 1995.

KLEIMAN, Angela. **Leitura**: ensino e pesquisa. Campinas: Pontes, 1996.

KLEIMAN, Angela. **Oficina de leitura**: teoria e prática. Campinas: Pontes, 1998.

KLEIMAN, Angela. **Os significados do letramento**: uma nova perspectiva sobre a prática social da escrita. Campinas: Mercado de Letras, 1995.

KLEIMAN, Angela. **Texto e leitor**: aspectos cognitivos da leitura. Campinas: Pontes, 1999.

KOCH, Ingedore G. Villaça. **Desvendando os segredos do texto**. São Paulo: Cortez, 2002.

KOCH, Ingedore G. Villaça. **Ler e escrever**: estratégias de produção textual. São Paulo: Contexto, 2010.

KOCH, Ingedore G. Villaça. **O texto e a construção dos sentidos**. São Paulo: Contexto, 1997.

LERNER, Delia. **Ler e escrever na escola**: o real, o possível e o necessário. Porto Alegre: Artmed, 2002.

LOUREIRO, Carlos Frederico. **Sustentabilidade e educação**: um olhar da ecologia política. São Paulo: Cortez, 2012.

MEIRELLES, Renata. **Giramundo e outros brinquedos e brincadeiras dos meninos do Brasil**. São Paulo: Terceiro Nome, 2007.

NÓBREGA, Maria José. **Ortografia**. São Paulo: Melhoramentos, 2013.

SCHNEUWLY, Bernard; DOLZ, Joaquim. **Gêneros orais e escritos na escola**. Tradução e organização de Roxane Rojo e Glaís Sales Cordeiro. Campinas: Mercado de Letras, 2004.

SOARES, Magda. **Alfabetização e letramento**. São Paulo: Contexto, 2003.

SOLÉ, Isabel. **Estratégias de leitura**. Tradução de Cláudia Schilling. Porto Alegre: Artmed, 1998.

SITES

Akatu – Consumo consciente para um futuro sutentável. Disponível em: <http://livro.pro/cbdbfb>. Acesso em: fev. 2017.

Ciência Hoje das Crianças. Disponível em: <http://chc.org.br/>. Acesso em: fev. 2017.

Instituto Socioambiental – Povos indígenas no Brasil Mirim. Disponível em: <http://livro.pro/setn5h>. Acesso em: fev. 2017.

Planeta Sustentável. Disponível em: <https://super.abril.com.br/blog/planeta/pagina/3/>. Acesso em: fev. 2017.

Plenarinho. Disponível em: <http://livro.pro/626jep>. Acesso em: fev. 2017.

Revista Nova Escola. Disponível em: <http://livro.pro/sci298>. Acesso em: fev. 2017.